Brian Johnson

WAS HÄLT WENN NICHTS MEHR HÄLT

Mein Weg aus Angst und Depression

Aus dem Englischen von Silvia Lutz

GerthMedien

Inhalt

Vorwort

Brian Johnson ist kein gewöhnliches Pastorenkind. Ich habe im Laufe der Jahre viele Pastorenkinder kennengelernt, aber nur wenige waren wie Brian. Als einer der Mitbegründer von *Bethel Music* führt Brian die Menschen in eine unvergleichlich tiefe Anbetung. Was ich an ihm am meisten bewundere, ist sein unermüdliches Suchen nach Gottes Nähe. Er wird von der tiefen Überzeugung getrieben, dass Gott in unsere Lebenswelt hineinkommen will. Und trotz aller seiner Erfolge ist er nicht überheblich oder selbstzufrieden.

Aus diesem Grund bin ich dankbar dafür, dass Brian dieses Buch geschrieben hat. Sein Leben steht in Einklang mit dessen Botschaft. Brian erzählt hier nämlich offen davon, wie er Gott wirklich kennengelernt hat. Er fordert uns heraus, uns einer Erfahrung zu stellen, der die meisten von uns lieber aus dem Weg gehen: Leiden! Brian gewährt uns einen sehr ehrlichen Blick in sein Leben und Leiden und zeigt uns, dass unsere dunkelsten Augenblicke Schlüsselmomente sein können, Momente, in denen Gott in unsere Lebenswirklichkeit hineinkommt! Oft wird das, was wir wirklich glauben, in schweren Zeiten auf den Prüfstand gestellt. In diesen Phasen lernen wir, Lobpreis sowohl als Waffe als auch als Rettungsleine einzusetzen. Und dann zeigt sich, dass Gott gut ist, auch wenn das Leben es nicht ist. Wenn wir uns unserem Leid stellen, wachsen wir weiter in das hinein, was Gott in Zukunft mit uns vorhat. Brian lernte in seinem Leiden, sich auf diese eine Wahrheit zu stützen: Lobpreis und Anbetung ist mehr, als Gott Lieder zu singen. Wenn wir Gott anbeten, investieren wir in unsere Beziehung zu ihm, auch wenn wir uns nicht danach fühlen oder wenn unsere Lebensumstände schwer sind.

Ich empfehle Ihnen wärmstens, dieses Buch zu lesen. Es ermutigt Sie durchzuhalten, bis Sie irgendwann wie Hiob bekennen können: „Herr, ich kannte dich nur vom Hörensagen, jetzt aber habe ich dich mit eigenen Augen gesehen!“ (Hiob 42,5).

Machen Sie sich darauf gefasst, dass Gott Ihnen persönlich begegnen will!

John Bevere
Autor und Pastor
Messenger International

Einleitung

Ich führte in vieler Hinsicht ein tolles Leben. Ich wurde in eine Familie hineingeboren, von der die meisten nur träumen können. Meine Eltern lieben Gott und sind die demütigsten, freundlichsten und hilfsbereitesten Menschen, die ich kenne. Meine Mutter vermittelte mir schon ganz früh, was es bedeutet, dass Gott uns ganz nah ist. Es gab nichts, das ich ihr nach einem harten Schultag nicht hätte erzählen können. Wenn mein Bruder, meine Schwester oder ich meine Eltern brauchten, waren sie immer für uns da. Sie gaben mir nie einen Grund, an ihrer Zuneigung oder Gottes bedingungsloser Liebe und Güte zu zweifeln. Wenn ich in diesem Buch die schönen Stunden unseres Lebens gesammelt hätte, hätte ich zigtausend Seiten gebraucht, um von allen zu berichten.

Dann ist da noch meine wunderbare Frau Jenn. Sie ist in jeder Hinsicht meine Partnerin. Sie hält zu mir und geht mit mir durch dick und dünn (wie Sie in diesem Buch sehen werden). Seit wir zusammen sind, leitet sie mit mir den Lobpreis. Sie hat Lieder geschrieben, die mein Leben und das Leben so vieler

Menschen verändert haben. Sie hat mir vier tolle Kinder geschenkt. Wenn es in diesem Buch um unsere Ehe ginge, würde es fast ausschließlich eine glückliche Geschichte erzählen.

Jenn und ich haben mit Joel Taylor, einem meiner besten Freunde, *Bethel Music* aufgebaut. Er findet oft die richtigen Worte, wenn es darum geht, anderen unsere Träume und Ziele zu beschreiben, und unterstützt mich in jeder Hinsicht. Ich habe einen echten Traumjob: Ich helfe bei der Führung von *Bethel Music*, schreibe zusammen mit Freunden auf der ganzen Welt Songs und predige bei Seminaren und auf Konferenzen. Ich bin von erstklassigen Leitern und Musikern umgeben, die mich motivieren, das Beste aus mir herauszuholen.

Wir haben auch eine faszinierende Gemeinschaft und eine großartige Gemeinde. *Bethel* ist ein Ort, an dem Menschen aus der ganzen Welt Heilung finden. An diesem Ort hat für Jenn und mich alles angefangen. An diesem heiligen Ort erleben wir oft, dass Gott in das Leben von Menschen eingreift und sie für immer verändert. Auch mein Leben wurde für immer verändert. Ich bin für unsere Gemeinschaft und für die Gemeinde ewig dankbar.

Wenn ich mein Leben betrachte, stelle ich fest, dass es ein echtes Geschenk ist. Ich könnte endlos über die unzähligen Segensgeschenke reden und über all das, was mir so viel Freude bereitet. Aber selbst im glücklichsten Leben wird es schwere Zeiten geben. Mein Leben bildet da keine Ausnahme.

Dieses Buch erzählt nicht die vollständige Geschichte meines Lebens und berichtet auch nicht von beidem – den Sonnen- *und* den Schattenseiten. Es spricht nicht von all den großartigen Dingen, die sich ereignet haben. In diesem Buch geht es um zwei Kämpfe: einen Kampf, den ich als Erwachsener austrug, und einen, den ich als Kind ausgefochten habe. Diese beiden Kämpfe hatten völlig unterschiedliche Gründe, aber beide kennzeichneten eine Phase in meinem Leben, in der ich nur eine Möglichkeit hatte: Gott zu vertrauen. Wenn Sie mich auf meinem Weg und letztendlich zum erfolgreichen Ausgang der Ereignisse begleiten, werden Sie sehen, wie ich Gottes Güte erlebt habe.

Ich habe dieses Buch geschrieben, damit Sie verstehen, was zu den beiden großen Kämpfen geführt hat, und um Ihnen zu zeigen, wie ich diese überwunden habe. Ich erzähle absichtlich nicht von all den Freuden und Erfolgen in meinem Leben, denn diese Höhepunkte zeigen nicht, wie ich in die „dunkle Nacht der Seele" hineingeriet und dann wieder den Weg zum Licht fand. Ich hoffe, dass Sie auf den Seiten dieses Buches in gewisser Weise auch sich selbst, Ihre Familie oder Ihre Freunde wiederfinden. Ich hoffe, dass Sie einen Eindruck davon bekommen, auf welche Weise Gott Sie von Ihrer Panik, Ihrer Angst, Ihrer Furcht und von Ihren Zweifeln befreien will. Aber vor allem hoffe ich, dass Sie eines erfahren: Wenn Gott in Ihre Lebenswirklichkeit hineinkommt, dann verändert sich alles.

01

Eidechsen fangen

So fing es an: Eine unsichtbare Hand packte meine Lunge und drückte sie zusammen. Danach erfasste der Würgegriff meinen Brustkorb und schließlich meine Schultern. Meine Hände begannen zu zittern. Die Luft wurde dünner. Meine Angst wurde erdrückender. Ich hob die Arme über den Kopf, schob meine Finger ineinander und versuchte, Luft zu bekommen.

Was ist hier los?

Mein Blick wanderte zum Fluss und suchte das Ufer ab, bis ich ihn entdeckte. Dort war er, mein Sohn Braden. Er drehte Steine um und lugte unter herumliegende Äste. Er wollte Eidechsen fangen, genauso wie mein Bruder Eric und ich es in seinem Alter getan hatten. Braden blinzelte mit zusammengekniffenen Augen in die Sonne, hatte Matschspritzer an den Schienbeinen und einen Riesenspaß. Er ahnte nicht, dass sich eine unsichtbare Macht an mich heranschlich. Etwas stimmte hier ganz und gar nicht.

Plötzlich schoss Bradens Hand vor. Er griff unter einen Holzklotz und zog eine Eidechse hervor. Mein Sohn drehte sich um, reckte die Faust in die Luft und rief begeistert: „Ich hab eine, Dad!“ Ich bemühte mich, ihn anzulächeln und zu winken, aber unsichtbare Mauern schlossen sich um mich, obwohl ich hier draußen im Freien am Fluss war. Ich atmete tief ein und versuchte, die Mauern zurückzudrängen. In diesem Moment schoss Adrenalin durch meinen Körper. Einen so extremen freien Fall hatte ich noch nie erlebt; er unterschied sich von den Panikattacken, die ich in meiner Kindheit gehabt hatte. Das hier war etwas anderes.

Warum kriege ich keine Luft?

Braden drehte sich wieder um und versuchte, die nächste Eidechse zu jagen. Ich schloss die Augen, wischte mir die Hände an den Shorts ab, während die Julihitze das, was in mir geschah, zu verstärken schien. Der Druck wurde noch stärker und wurde jetzt von etwas begleitet, das sich verdächtig nach Entsetzen anfühlte. Ich wurde immer kurzatmiger und musste mich zusammenreißen, um nicht zu hyperventilieren. Ich schlug die Augen auf, aber wegen des Sauerstoffmangels sah ich nur Sterne. Die Sonne schien in der Ferne auf die Wasseroberfläche des Sacramento River. Sie wurde weißer und immer weißer, bis sie mich fast blendete. Ich schloss erneut die Augen und bemühte mich, einen weiteren Atemzug zu nehmen. Doch stattdessen kam es mir so vor, als zöge meine Lunge sich einige Zentimeter weiter zusammen. Die unsichtbare Faust drückte noch fester zu. Das Gewicht auf meiner Brust verdoppelte sich.

Die Symptome waren beängstigend.

Ich rief Braden zu, dass wir sofort nach Hause fahren müssten. Dann drehte ich mich um und ging zum Auto.

Er rief hinter mir: „Wir sind doch gerade erst gekommen, Dad.“ Und bettelte: „Noch fünf Minuten?“

Ich gab ihm keine Antwort. Zitternd kramte ich in meiner Hosentasche nach den Schlüsseln. Sie glitten mir aus der Hand und fielen zu Boden. Als ich mich bückte, um sie aufzuheben, brach kalter Schweiß aus, und in meinem Kopf drehte sich alles. Ich stützte die Hände auf die Knie und versuchte, mich innerlich zu fangen. Doch es gelang mir nicht.

Braden kam schließlich angerannt und erzählte aufgeregt von den Eidechsen und Fröschen, die er in seinem Eimer gefangen hatte. Ich nickte, machte eine Bemerkung über die größte Eidechse und betätigte die Zentralverriegelung. Wir stiegen ein. Während Braden sich anschnallte, nahm ich mein Handy und schrieb Jenn eine Nachricht. Meine Daumen waren beim Tippen schwer wie Blei.

„Mit mir stimmt etwas nicht. Wir kommen heim. Bitte bete.“ Sie schrieb zurück und erkundigte sich, was los sei, aber ich antwortete ihr nicht. Ich wollte nicht wahrhaben, was hier geschah.

Als ich vom Parkplatz fuhr, wünschte ich mir, ich wäre irgendwo anders. Braden betrachtete die Eidechsen in seinem Eimer und summte die Musik mit, die im Radio lief. Wiederholt machte er sich am Deckel seines Eimers zu schaffen, öffnete ihn einen Spaltbreit, schloss ihn und öffnete ihn dann wieder. Jedes dieser Geräusche kam mir plötzlich entsetzlich laut vor. Auch die Gerüche nahm ich viel intensiver wahr.

„Braden, würdest du bitte aufhören, den Deckel auf- und zuzumachen?“, bat ich.

Ich raste über die Interstate 299 und vergrößerte den Abstand zwischen uns und dem Fluss. Ich hatte das Gefühl, vor etwas davonzulaufen.

Warum bekomme ich keine Luft?

Ich schaltete die Musik aus und versuchte, ein bekanntes Lobpreislied zu singen. Die Macht des Lobpreises war mir vertraut. Ich wusste, dass er etwas bewegen kann, denn meine frühesten Erinnerungen waren damit verbunden. Als Jugendlicher und junger Erwachsener hatte mir Lobpreis praktisch das Leben gerettet. Wenn Gott sich zeigte, war nichts unmöglich. Dämonische Angriffe, Angst, Panik – in Gottes Gegenwart hatte die Dunkelheit keine Chance. Aber obwohl mir das bewusst war und obwohl ich noch vor zwei Tagen in unserer jährlichen Sommer-Lobpreisschule unterrichtet hatte, hatte ich nicht genug Luft, um zu singen. Mein Brustkorb brannte.

Steigere ich mich gerade in eine Panik hinein? Warum?

Für diese Panik gab es keinen Grund. Alles lief so gut wie seit Jahren nicht. Jenn, Joel Taylor und ich hatten davon geträumt, ein neues Music Label zu gründen, das erstklassige Lobpreismusik verbreitete und Ehen und Familien unterstützte. Und dieser Traum war Wirklichkeit geworden. Einige unserer Songs waren so bekannt, dass sie auf der ganzen Welt gesungen wurden. Unser Team vergrößerte sich und alles lief gut. Der wachsende Erfolg von *Bethel Music* öffnete uns neue Türen. Ich schrieb rund um die Uhr an Liedern mit und arbeitete mit vielen Künstlern zusammen. Aber mit dem Wachstum und dem Erfolg kamen auch Komplikationen und Herausforderungen. Wir schufen etwas Neues und hatten dafür keine Bedienungsanleitung. Wir alle betraten Neuland. Es war großartig, aber es war auch intensiv und herausfordernd. Etwas Neues zu schaffen ist aufregend, aber oft bleiben Missverständnisse nicht aus. Und so nahm trotz des vielen Segens auch der Stress immer mehr zu. Er brodelte dicht unter der Oberfläche; mir war nicht einmal bewusst, dass er da war.

Hätte ich den Stress spüren können, wenn ich lange genug innegehalten hätte, um mein Lebenstempo einmal unter die Lupe zu nehmen? Hätte ich gemerkt, dass etwas nicht stimmte, wenn ich endlich einmal innerlich zur Ruhe gekommen wäre?

Jenn hatte es früher bemerkt als ich. Sie wusste, dass ich extrem angespannt war. Sie wusste immer, was in mir vorging. Jenn sah, dass ich ausgelaugt war und zu wenig auf mich achtete. Mein Lebenstempo war zu hoch, ich hastete von einer Verpflichtung zur nächsten, ohne dazwischen eine Pause einzulegen. Vielleicht hatte sie deshalb vorgeschlagen, dass ich mir den Nachmittag frei nahm und mit Braden zum Fluss fuhr. Vielleicht hatte sie gedacht, ich würde ein wenig zur Ruhe kommen und könnte endlich durchatmen. Es war jedoch nicht genug und es kam zu spät. Jenn hatte diesen Ausflug erst vor einer Stunde vorgeschlagen und jetzt raste ich schon die Straße entlang und hatte einen Zusammenbruch.

Die Luft im Auto schien immer dünner zu werden. Ich konnte den Gedanken, die durch meinen Kopf schossen, nicht Einhalt gebieten. Und ich hatte Angst, dass ich das Bewusstsein verlieren würde, bevor ich zu Hause ankäme. Braden bekam von alledem nichts mit.

Noch zwei Kilometer. Mein Handy vibrierte immer wieder. Das war sicher Jenn, die sich Sorgen machte. Ich hatte das Lenkrad umklammert und konnte nicht zum Handy greifen. Noch fünf Minuten, dann wäre ich bei ihr.

Ich muss nur nach Hause kommen.

Wenn man in einer Krise steckt, kommen einem fünf Minuten wie eine Ewigkeit vor. Als ich in unsere Straße einbog, merkte ich, dass sich mein Atem und mein Herzschlag mit jeder Minute veränderten und dass sich mein Blickfeld zunehmend verengte. Mein Verstand sprang von einem Gedanken zum nächsten. Ich war erst 37 Jahre alt. Drehte ich gerade durch?

Ich hielt am Ende unserer Einfahrt und sagte Braden, dass er ins Haus gehen und seine Mutter holen solle. „Ich gehe außen ums Haus", erklärte ich ihm. Er nickte gehorsam. Ich schaute ihm nach, als er zur Haustür lief, ohne irgendetwas von meiner Panik mitzubekommen. Dann öffnete ich die Autotür, ohne die Zündung auszuschalten, und stieg mit zittrigen Beinen aus.

Wie fremdgesteuert bewegte ich mich Richtung Gehweg. Mein Kopf fühlte sich an, als schwebe er irgendwie über mir, und meine Hände zitterten. Das Gewicht auf meinem Brustkorb war erdrückend. Ich rang nach Luft, bekam aber keine. Meine Lunge war wie erstarrt. Ich konnte das Gewicht nicht hochschieben oder wegdrücken. Ich versuchte, alles langsamer zu machen, versuchte, bewusst und langsam zu atmen, aber ich konnte diese Qual nicht überwinden. Ich bekam einfach keine Luft. Ich starrte auf den Boden, ich schwitzte unter der Nachmittagssonne und sah, wie Wassertropfen auf die Erde fielen. Ich weinte. Meine Tränen glitten zu Boden. Selbst wenn ich gewollt hätte, hätte ich sie nicht aufhalten können. Ich konnte diesen Ansturm an Gefühlen einfach nicht in den Griff bekommen.

Eine ähnliche Panikattacke hatte ich das erste Mal erlebt, als ich ungefähr in Bradens Alter gewesen war. Mit nur sieben Jahren hatte mich die Angst gepackt, ich könnte von Dämonen besessen sein. Eine irrationale Angst hatte mich fast 15 Jahre lang verfolgt. Aber ich hatte sie vor vielen Jahren besiegt. Ich war von dieser Qual endlich befreit gewesen. Lobpreis sorgte dafür, dass ich innerlich im Gleichgewicht war, und half mir, den Verstand nicht zu verlieren. Aber heute war es anders.

Die Haustür fiel ins Schloss. Ich hob den Blick. Jenn lief die Stufen vor der Veranda herab. Die Luft wurde zunehmend dünner, und die Welt begann, sich vor meinen Augen zu drehen. Ich stand immer noch vornübergebeugt da und versuchte, die Panik zurückzudrängen und mich aufzurichten. Aber das wollte mir nicht gelingen. Mir wurde schwindelig und ich ging auf die Knie. Ich hatte Angst aufzustehen, bis ich Jenns Arme um mich fühlte. Sie zog mich hoch und stützte mich. Dann erkundigte sie sich, was los sei.

„Etwas stimmt nicht. Körperlich, psychisch. Ich bekomme keine Luft. Ich kann nicht mehr", antwortete ich.

„Was kannst du nicht mehr?“, fragte sie mit zitternder Stimme. Doch ich hatte darauf keine Antwort. Deshalb bat ich sie, bei mir zu bleiben, mit mir zu gehen. Sie nahm meine Hand, und wir begannen, dem Weg zu folgen, der um unser Grundstück herumführt. Wir gingen nicht ins Haus. Wir wollten beide nicht, dass unsere Kinder Angst bekämen.

Eine gefühlte Ewigkeit gingen wir weiter. Jenn sang, und wir beteten, aber der eiserne Griff ließ mich nicht los. „Ich habe das Gefühl durchzudrehen“, sagte ich. Ich weinte unkontrollierbar und mein Herz hämmerte wie wild.

„Mach langsam. Konzentriere dich nur aufs Atmen. Alles wird gut. Du drehst nicht durch“, entgegnete sie.

Ich jage ihr Angst ein, sagte sie. Ich jage mir selbst Angst ein, sagte ich. Ich brauchte Hilfe.

„Vielleicht hast du einen Herzinfarkt?“, meinte sie.

Mein Herz schlug so schnell, dass ich dachte, es würde explodieren, aber ich erwiderte, dass ich nicht glaubte, es sei ein Herzinfarkt. Aber woher könne ich das wissen? Was ich erlebte, war anders als alles, was ich je erlebt hatte. Es war die Hölle.

Ich entgegnete nichts auf Jenns Frage. Ich starrte sie nur an und versuchte, Luft zu bekommen.

„Lass uns deine Eltern anrufen“, schlug sie vor. Wir gingen zum Haus und sie zog sofort ihr Handy heraus. Ich hörte nur Teile des Gesprächs, aber ich merkte, dass sie mit meinem Vater sprach und ihm erzählte, was mit mir los war.

„Ja“, sagte sie. „Und würdest du bitte Kris und Kathy anrufen? Ich rufe Mark an.“

Jenn legte auf und tätigte einen weiteren Anruf. Dann forderte sie mich auf durchzuhalten. Meine Eltern, Mark Mack, mein Freund und ausgebildeter Ersthelfer, Kris und Kathy Vallotton, die Gemeindeleiter, sie alle waren unterwegs.

Ich trat ins Wohnzimmer, wo bereits Lobpreismusik lief. Ich

drehte die Lautstärke auf. Dann kniete ich neben den Lautsprechern nieder und starrte aus dem Fenster. Ich wünschte mir verzweifelt, dieser Albtraum, in dem ich gefangen war, würde enden. Jenn stand mit dem Handy am Ohr neben mir. „Brian geht es wirklich sehr schlecht", sagte sie. „Er bricht zusammen. Vielleicht hat er eine Panikattacke wie damals in seiner Jugend?"

Ich erinnerte mich zurück an die Zeit, als ich damals Panikattacken gehabt hatte, und an die Lektionen, die mein Vater mich gelehrt hatte. „Wenn du merkst, dass du eine Panikattacke bekommst", sagte er, „bekämpfst du sie folgendermaßen: Sprich den Namen Jesus aus, nimm für dich das in Anspruch, was Jesus am Kreuz für dich getan hat, berufe dich auf die Verheißungen der Bibel und lobe Gott." Lobpreis hatte mir immer geholfen. Deshalb suchte ich auf meinem Handy eine bestimmte Playlist. Anbetungslieder, die mir immer geholfen hatten. Ich war verzweifelt, und diese Lieder hatten mir in der Vergangenheit immer geholfen, Frieden zu finden. Ich drehte die Lautstärke weiter auf und die Musik erfüllte das Wohnzimmer.

Die Musik umgab mich und ich konzentrierte mich auf die Wahrheiten in den Liedern. Ich tat alles, was mir in den Sinn kam. Trotzdem ließ der Druck nicht nach. Unsere Kinder – Haley, Téa und Braden – beobachteten mich mit großen Augen aus der Küche, während Jenn ihnen zu erklären versuchte, was mit mir los war. Sie hatten Angst, aber sie begannen trotzdem, für mich zu beten. Haley betrat das Wohnzimmer, legte die Arme um mich und fragte, ob alles wieder gut werden würde. Ich versuchte, sie zu beruhigen, ich versuchte, ihr zu sagen, dass Hilfe unterwegs sei. Sie wusste, dass es mir nicht gut ging. Schließlich musste Haley aus nächster Nähe mit ansehen, wie ihr Vater zusammenbrach. Ich verlor vor ihren Augen die Kontrolle.

Es lief ein Lobpreislied nach dem anderen. Trotzdem änderte sich nichts. Jenn kam aus der Küche und versuchte, mich wieder zu umarmen, aber meine Sinne spielten verrückt. Unter Tränen sagte ich, dass ich diese Qualen nicht länger aushalten könne.

Ich war in dieser erdrückenden Panik gefangen und konnte nichts und niemanden an mich heranlassen. Ich fühlte mich völlig allein und hilflos. In meinem Kopf spürte ich eine Leere. Es war beängstigend. Da war nur Dunkelheit und ich fiel rasch immer tiefer hinein. Mein T-Shirt war schweißgetränkt und ich konnte nicht mehr klar denken. Mein Herz schlug dreimal so schnell wie normal.

Ich hatte das Gefühl, den Verstand zu verlieren.

02

Erwachen

In den 1970er-Jahren arbeitete mein Vater unter der Leitung meines Großvaters in der *Bethel Church* in Redding, Kalifornien. Er hatte *Salt House* ins Leben gerufen, einen missionarischen Dienstbereich, der sich an die *Jesus People* richtete, die damals in Redding lebten. Ihm lagen die Menschen am Herzen, die sich in traditionellen Kirchen nicht zu Hause fühlten. Während er sich für diese Menschen engagierte, erlebte er, dass Gott etwas bewegte. Gottes Wirken in seinem Leben war unübersehbar.

Mein Vater arbeitete gern mit meinem Großvater zusammen, aber 1978 fragte man ihn, ob er Pastor einer kleinen Gemeinde in den Bergen werden wollte, die etwa eine Stunde westlich von Redding lag. Sowohl mein Großvater als auch mein Vater hatten den Eindruck, dass Gott ihm diese Tür geöffnet hatte. Ich war ein halbes Jahr alt, als meine Eltern Redding verließen und in die *Mountain Chapel* in Weaverville, Kalifornien, ausgesandt wurden.

Mein Bruder Eric, meine Schwester Leah und ich verbinden unsere frühesten Erinnerungen mit dieser Kleinstadt. Gleich hinter unserem Haus begann Gottes freie Natur. Eric und ich verbrachten den größten Teil unserer Zeit draußen. Wir erkundeten die Wälder, fingen Eidechsen, bauten Burgen und waren immer auf der Suche nach dem nächsten Abenteuer. Im Garten spielten wir mit den Nachbarskindern Baseball, Football und betrieben auch so ziemlich jede andere Sportart. Ob mit meiner Familie, mit Freunden oder allein: Ich war immer dort zu finden, wo ich mich am lebendigsten fühlte: im Freien.

Meine Kindheit ist mit Erinnerungen an meine Familie gefüllt. Ich hätte mir keine besseren Eltern vorstellen können. So ziemlich alles konnte ich ihnen erzählen. Da ich in einem Pastorenhaushalt aufgewachsen bin, überrascht es wahrscheinlich nicht, dass ich mich an keine Zeit erinnern kann, in der ich *nichts* von Gott gewusst hätte. Meine Mutter und mein Vater erzählten uns die Geschichten aus der Bibel und brachten uns bei, wie man betet. Es wurde kein großes Aufhebens darum gemacht; das Ganze war einfach ein natürlicher Teil unseres täglichen Lebens. Bevor er Pastor wurde, war mein Vater Lobpreisleiter gewesen. Er brachte uns also auch bei, wie wichtig Lobpreis sowohl in der Gemeinde als auch zu Hause ist. „Lobpreis und Anbetung sind entscheidende Elemente unseres Glaubens", sagte er, „denn nichts bringt uns so mit Gott in Verbindung." Er erklärte uns, dass wir nie zu jung für eine Beziehung zu Gott sein könnten, denn der Heilige Geist ist für alle da.

So lange ich mich zurückerinnern kann, wusste ich immer, dass ich eine Beziehung zu Gott haben kann. Gott kann sich uns überall zeigen, und wir wurden dazu erzogen, das zu erkennen. Meine Mutter war Frühaufsteherin. Sie stand vor uns allen auf, damit sie am Morgen ihre persönliche Zeit mit Gott verbringen konnte. Als Mutter von drei Kindern war dies die einzige Zeit am Tag, die sie für sich selbst hatte. Aber sie war nicht die Einzige, die früh aufstand, denn ich wusste offenbar immer, wann sie wach war. Schon mit drei Jahren sah ich am Morgen das Licht im Wohnzimmer. Dann schlüpfte ich aus dem Bett und tapste durch den Flur dorthin. Hier saß sie dann mit ihrer Bibel auf dem Sofa, betete und verbrachte Zeit mit Gott.

Obwohl diese Stunde die einzige Zeit am Tag war, die sie für sich hatte, durfte ich mich zu ihr setzen. Ich war kein besonders anschmiegsames Kind, aber meiner Mutter gelang es immer, mich zu beruhigen. Sie küsste mich auf die Stirn und zog mich an sich heran. Ich lehnte mich an sie, zog meine gelb-weiß karierte Winnie-Puuh-Decke an die Brust und steckte den Daumen in den Mund, während sie weiter in ihrer Bibel las und betete.

Erst als ich selbst Kinder hatte, begriff ich, dass ich damals meine Mutter störte. Sie hätte mich zumindest als Störung betrachten können, doch ich durfte an diesen Momenten teilhaben, weil sie mir dadurch zeigte, welche Macht in der Anbetung steckt. Sie lebte mir diese Wahrheit jeden Tag vor, ohne mir lange zu erklären, was sie tat. Aber obwohl ich noch so jung war, wusste ich, dass es etwas Besonderes war. Diese Momente waren Samen, die sie in mein Leben säte.

*

Weaverville ist eine Kleinstadt mit nur wenigen tausend Einwohnern, in der jeder jeden kennt. Meine Eltern waren nicht nur Pastoren der Gemeinde; sie nahmen auch am sozialen Leben der Stadt teil. Und obwohl sie Grenzen setzten, damit wir auch als Familie Zeit für uns hatten, war unsere Türe fast immer offen. Oft kamen Familien aus der Gemeinde und der Stadt vorbei. Dann schickten unsere Eltern uns nach draußen zum Spielen, damit sie sich unterhalten konnten. Bei schlechtem Wetter spielten wir im Haus.

Ich kann nicht viel älter als vier gewesen sein, als wir im Haus Verstecken spielten. Ich hatte mich in einem

Schlafzimmerschrank versteckt, als mein Bruder mich fand. Er jagte mich durch die Küche; ich konnte seine Schritte direkt hinter mir hören. Eric kam immer näher und hatte mich fast erwischt, als plötzlich eine Tür geöffnet wurde und mich direkt an der Stirn traf. Ich wurde zu Boden geworfen, schlug mit dem Hinterkopf auf dem Boden auf, und mir wurde schwarz vor Augen. Mehrere Sekunden vergingen, bevor ich die Zimmerdecke wieder deutlich sehen konnte. Alles tat mir weh. Ich blickte hoch und sah, dass Kathy Vallotton, eine Freundin unserer Familie, über mir stand. Sie erkundigte sich, ob mit mir alles in Ordnung sei, aber ich gab ihr keine Antwort. Ich stand einfach auf, verdrängte den Schmerz und biss die Zähne zusammen, um nicht zu weinen. Ich ließ niemanden wissen, dass mir mein Kopf wehtat. Schließlich war ich ja kein Weichei.

Jahre später erzählte Kathy mir, dass ich nie geweint habe, auch dann nicht, wenn ich Schmerzen hatte. Vielleicht hatte ich einfach eine hohe Schmerztoleranz. Doch in den darauffolgenden Jahren lernte ich eine andere Art von Schmerz kennen, die alles überstieg, was ich mir hätte vorstellen können.

*

Kurz nach dem Vorfall beim Versteckspielen saß ich auf dem Rücksitz unseres blauen Toyota. Wir fuhren den Berg hinab nach Redding, um meine Großeltern zu besuchen; meine Eltern saßen vorne im Auto und sangen Lobpreislieder. Als wir am Fuß der Berge angekommen waren, folgte ein ziemlich gerader Straßenabschnitt. Hier geschah es. Im Auto breitete sich eine Kraft aus, etwas, das ich nie zuvor erlebt hatte. Es war ein heiliger Moment, in dem der Himmel mir ganz nah zu kommen schien. So etwas hatte ich noch nie zuvor gefühlt. Es war Gottes Gegenwart – das wusste ich, obwohl ich erst vier war –, aber dieses Mal erlebte ich sie am eigenen Leib. Sie war ohne Vorankündigung plötzlich da. Ich spürte etwas in mir, das heilig war. Die Luft im Auto war ganz schwer, und ich fühlte, dass sich in mir etwas veränderte. Ein Gefühl überkam mich, ein Gefühl, das ich nie zuvor erlebt hatte. Und ich musste einfach darauf reagieren: Ich begann, in einer anderen Sprache zu sprechen, in einer Sprache, die ich nicht verstehen, aber auch nicht zurückhalten konnte. Es war das erste Mal, dass ich in anderen Sprachen betete.

Auf diesem Bergpass wurde Gott für mich auf völlig neue Weise real. Ich hatte nichts getan, um das herbeizuführen, und ich hatte auch nicht versucht, es zu erzwingen. Auch verspürte ich keine Angst, sondern nur Frieden und Freude. Ich erlebte Gott auf eine reine, intensive Art. Der Himmel kam regelrecht in dieses Auto hinein und daran war nichts zu rütteln. Ich hatte eine Gotteserfahrung, die nicht inszeniert gewesen sein konnte. Wir fuhren weiter und irgendwann verging dieser heilige Moment. Doch an diesem Tag hatte ich ein besonderes Erlebnis mit Gott, das noch immer ein Teil von mir ist.

*

Dieses Erlebnis mit Gott weckte mich in vieler Hinsicht auf, aber als ich älter wurde, erwachten noch andere Dinge in mir. Als ich sieben war, spielte ich oft mit einem Mädchen aus der Nachbarschaft, das in meinem Alter war, in unserem Garten. Wir waren gute Freunde und erkundeten gemeinsam den Wald.

Als wir an einem Sommertag allein im Garten spielten, überkam uns die Neugier. Ich wollte wissen, was der Unterschied zwischen Jungen und Mädchen war, und sie war genauso neugierig wie ich. Wir wussten, dass es falsch war, aber wir beschlossen, es trotzdem zu tun. Ich küsste sie und sie küsste mich zurück. Es fühlte sich gut an, also gingen wir einen Schritt weiter und zeigten uns, was uns voneinander unterschied. In diesem Moment wurde mir übel und etwas erwachte.

Ich wusste, dass es falsch war. Etwas sagte mir, dass ich es nicht tun sollte, aber ich achtete nicht auf die leise Stimme und verdrängte sie. Als ich schließlich begriff, dass ich etwas Falsches getan hatte, erfüllten mich Schuldgefühle und Scham.

Ich lief durch die Hintertür ins Haus. Obwohl ich schon öfter gegen die Regeln verstoßen hatte, war es dieses Mal irgendwie anders. Es war das erste Mal, dass ich die Last und die Intensität echter Schuld empfand. Ich musste es meiner Mutter sagen. Sofort, es konnte nicht warten.

Sie lag auf der Couch und machte einen kurzen Mittagsschlaf, aber ich konnte sie nicht schlafen lassen. Ich rüttelte sie wach und erzählte ihr alles, was passiert war. Sie ging kaum darauf ein, sondern nickte nur und schickte mich wieder zum Spielen hinaus. Hatte sie denn nicht gehört, was ich ihr gesagt hatte? Hätte sie nicht verärgert oder aufgebracht sein müssen? Hätte ihre Reaktion nicht genauso intensiv ausfallen müssen wie die Schuldgefühle, die ich hatte?

An diesem Abend erzählte ich es ihr noch einmal, nur um sicherzugehen, dass sie verstand, wie leid es mir tat. Doch sie regte sich erneut nicht auf und blieb ganz ruhig. Alles würde gut werden, sagte sie. Sie sah, dass mir das, was ich getan hatte, leidtat, und riet mir, wenn ich immer noch schwere Schuldgefühle hätte, sollte ich direkt zu Gott gehen und ihm sagen, wie leid es mir tue. Er würde mir vergeben.

Ich ging in mein Zimmer. Das, was ich an diesem Nachmittag getan hatte, lag mir immer noch schwer auf der Seele. Aber ich befolgte den Rat meiner Mutter und wandte mich an Gott. Ich sagte ihm, wie leid mir alles tue. Sobald ich betete, sobald ich meine Schuld bereute, fielen die Schuldgefühle von mir ab. Da begriff ich, dass ich mich für das, was ich tat, sowohl vor meinen Eltern als auch vor Gott verantworten musste. Ich begriff auch, dass ich mich tagtäglich entscheiden musste, wie ich mein

Leben führen wollte. Ich konnte mich für das Richtige oder für das Falsche entscheiden, aber wenn ich mich entschied, etwas zu tun, obwohl ich wusste, dass es falsch war, würde ich Schuldgefühle und Scham erleben. Doch wenn ich meine Schuld einsah und Gott um Vergebung bat, würde er mich davon befreien.

In diesem Moment fühlte ich mich unglaublich frei. Deshalb gewöhnte ich mir in den folgenden Jahren an, meiner Mutter sehr vieles von dem zu erzählen, was ich tat und erlebte. Nach der Schule saßen wir alle in der Küche zusammen und unterhielten uns über unseren Tag. Ich erzählte ihr alles – die schönen und die unerfreulichen Erlebnisse und auch, wenn ich gegen die Regeln verstoßen hatte. Sie ermutigte mich oft und vergab, wo es nötig war, aber sie weichte nie die Regeln auf. Sie lächelte viel und lachte auch oft. Wenn es nötig war, wies sie mich auf falsche Entscheidungen hin, aber immer begleitet von einem verständnisvollen Wort, und obwohl ich davon nicht immer begeistert war, war sie auch mit Umarmungen großzügig.

Mein Vater zeigte uns seine Zuneigung genauso deutlich wie meine Mutter. Jeden Abend kam er in unsere Zimmer und betete für jeden von uns. Das tat er selbst an den Tagen, an denen er wirklich sehr spät nach Hause kam und dachte, wir würden schon schlafen. An diesen Abenden stellte ich mich schlafend und hörte zu, wie er für mich betete. Er bat Gott um seinen Schutz und dafür, dass ich immer ein Herz für Jesus haben würde. Er betete für meine Zukunft, für meine künftige Frau und für den Mann, der ich eines Tages sein würde. Es waren keine schnellen Gebete. Er nahm sich Abend für Abend Zeit. Und während ich seinen Worten lauschte, schlief ich friedlich ein.

*

Meine Eltern erzogen uns dazu, Gott und andere Menschen zu lieben, Freude am Leben zu haben und unser Bestes zu geben. Und auch wenn an Pastorenkinder oft hohe Erwartungen gestellt werden – wie sie sich verhalten oder kleiden müssen –, haben meine Eltern nie Druck auf uns ausgeübt. Das war auch in schulischen Fragen so. Wenn wir mit unseren Zeugnissen nach Hause kamen, lasen sie zuerst die Beurteilung über unser Verhalten und dann unsere Noten für den Religionsunterricht. Wenn sie mit diesen beiden Punkten zufrieden waren, machten sie sich um die anderen Noten keine großen Sorgen, solange wir versprachen, dass wir unser Bestes gegeben hatten. Sie sagten immer, wenn unser Verhalten und unsere Reli-Noten gut seien, würde der Rest irgendwann folgen.

Meine Eltern hielten es für wichtig, dass wir Kinder sein durften, aber sie halfen uns auch zu verstehen, was im Leben wichtig ist. Wir wurden nur gezüchtigt, wenn wir uns schlecht benahmen. Mein Vater legte Wert darauf, uns begreiflich zu machen, dass wir für unser Tun verantwortlich waren. Wenn wir etwas anstellten oder jemanden verletzten, mussten wir das auch wieder in Ordnung bringen. Sie erzogen uns so, dass wir begriffen, dass richtige und falsche Entscheidungen Konsequenzen haben. Meine Eltern vergaben gern, wenn ich um Vergebung bat, aber wenn ich mich entschieden hatte, das Falsche zu tun, taten sie nicht so, als hätte diese Entscheidung keine Konsequenzen. Es gab Zurechtweisung, wenn wir sie verdienten, und Gnade, wenn wir unser falsches Verhalten einsahen und das, was wir angerichtet hatten, wieder in Ordnung brachten.

Diese Lektionen lernte ich, als ich langsam älter wurde, und ich musste sie immer wieder aufs Neue lernen. Ich hatte aber keine Ahnung, dass ich diese Lektionen mit Mitte dreißig noch viel intensiver würde lernen müssen. Dass ich in meine eigene

Vergangenheit zurückgehen und zu einigen dieser fundamentalen Wahrheiten zurückkehren und das, was ich angerichtet hatte, wieder in Ordnung bringen müsste.

03

Die vier Waffen

Die Panikattacken begannen, als ich gerade einmal sieben Jahre alt war. Sie kamen schnell, unerwartet und aus heiterem Himmel. Und sie waren mit nichts zu vergleichen, das ich je gesehen oder erlebt hatte. Es gab auch keinen bestimmten Auslöser. Das Ganze war einfach nur beängstigend.

Als Pastorenkinder waren Eric, Leah und ich immer in der Kirche, sobald die Türen geöffnet wurden. „Wir *müssen* nicht zum Gottesdienst gehen", sagte mein Vater. „Wir *gehen* zum Gottesdienst." Wir waren wirklich gern in der Gemeinde. Ich ging zu den meisten Veranstaltungen für Kinder. Und bei einer dieser Veranstaltungen fing es an, es war in einer Kleingruppe für Kinder. In diesem Moment veränderte sich alles, als meine Augen für die unsichtbare Welt geöffnet wurden.

Ich saß mit Freunden und anderen energiegeladenen Erstklässlern in einem Raum und wir sangen ein Lied. Der Jugendpastor saß mir gegenüber und forderte uns auf, im Rhythmus mitzuklatschen. Schon als Kind wusste ich, welche Lieder mir gefielen und welche nicht. Dieses Lied gehörte definitiv in die

Rubrik der Songs, die ich nicht mochte. Ich hielt das Lied für albern und fand es peinlich mitzusingen.

Als der Jugendleiter die nächste Strophe sang, veränderte sich die Luft um mich herum. Es war, als hätte jemand eine Tür geöffnet und einen kalten Luftzug hereingelassen. Eine Gegenwart erfüllte den Raum, aber diese Gegenwart war nicht heilig, und es war ganz gewiss nicht die Gegenwart, die ich im Auto und in jenen frühen Morgenstunden bei meiner Mutter auf dem Sofa erlebt hatte. Ich verspürte weder Freude und es schwang auch kein Frieden darin mit. Diese Gegenwart war anders. Sie war dunkel, und ich wusste sofort, dass sie böse war.

Meine Nackenhaare stellten sich auf, eine Gänsehaut überzog meine Arme, und mir brach kalter Schweiß aus. Entsetzen erfasste mich. Ich hatte gesehen, wie bei Menschen Dämonen sichtbar wurden, wenn in der Gemeinde für sie gebetet wurde, aber ehrlich gesagt hatte ich mir nie groß Gedanken darüber gemacht. Das passierte eben von Zeit zu Zeit, wenn Menschen dem Aufruf folgten, für sich beten zu lassen. Aber in diesem Augenblick verwandelte sich der bloße Gedanke, dass ich von einem Dämon besessen sein könnte, zum ersten Mal in eine reale Angst.

Ich dachte an die Menschen, die ich in der Gemeinde erlebt hatte, Menschen, die unkontrolliert zuckten und zitterten. Obwohl ich das alles nicht tat, machte ich mir Sorgen darüber, dass es jeden Augenblick anfangen könnte. Innerlich fühlte ich mich so, wie diese Menschen äußerlich aussahen: hilflos, überwältigt, verängstigt. Die Angst wurde immer stärker und dann kam plötzlich die Frage in mir auf:

Könnte ich von einem Dämon besessen sein?

Ich konnte die Angst nicht abschütteln, dass ein böser Geist sich meines Körpers bemächtigt hatte. Dieser beängstigende Gedanke ging mir unablässig durch den Kopf. Ich verlor die Kontrolle und versank in den Wellen der Angst.

Mir ging durch den Kopf, dass es am besten wäre, wenn ich beten würde, aber gleichzeitig wusste ich nicht, was ich sagen sollte. Was sollte ich tun, wenn mich die Angst überwältigte? Wenn ich vor allen anderen die Kontrolle verlor? Meine Freunde sangen weiter, klatschten im Rhythmus des Liedes und lachten. Sie bekamen von der Panik, die mit jeder Minute stärker wurde, nichts mit. Warum aber ich? Was konnte ich tun, damit sie aufhörte?

Die Dunkelheit umgab mich von allen Seiten und ich hätte mich am liebsten versteckt. Es gab nur ein Problem: Es gab keinen Ort, an dem ich mich hätte verstecken können. Mein Herz hämmerte weiter, und ich wusste, dass ich zu klein war, um mit dieser Panik allein fertigzuwerden. Ich fühlte mich gefangen, ich hatte das Gefühl, dem nicht entkommen zu können. Doch dann schaute ich mich um und entdeckte eine Tür. Und so tat ich das Einzige, was mir in diesem Augenblick einfiel: Ich floh zur Toilette.

Dort sperrte ich die Tür hinter mir ab, beugte mich übers Waschbecken und atmete tief ein. Dann atmete ich noch einmal tief ein. Ich konnte nicht begreifen, was mit mir geschah. Ich war verwirrt und angsterfüllt und wurde von all den Gefühlen in mir schier erdrückt. Ich drehte mich zum Spiegel und schaute in meine Augen, um zu sehen, ob man etwas sehen konnte. Ich hatte gehört, dass man an den Augen eines Menschen erkennen kann, ob er von einem Dämon besessen ist. Ich schaute und schaute, aber ich sah nichts. Weder waren meine Augen blutunterlaufen noch schaute mich ein fremdes Gesicht an. Aber wenn ich nicht von einem Dämon besessen war, warum hatte ich dann solche Angst? Woher kam diese erdrückende Furcht? Es war nichts passiert, das diese plötzliche Panik ausgelöst hätte, aber ich konnte sie einfach nicht abschütteln.

Nichts ergab einen Sinn und ich fühlte mich nicht sicher. Ich konnte jedoch die Angst, dass ich von einem Dämon besessen war, nicht abschütteln. Wenn ich in diesem Haus bliebe, wenn ich in der Toilette bliebe, würde ich womöglich durchdrehen. Ich brauchte meine Mutter und meinen Vater. Ohne nachzudenken, rannte ich aus der Gemeinde.

Ich lief, so schnell ich konnte. Während ich durch die Straßen von Weaverville sprintete, wurde meine Welt immer enger und drohte über mir zusammenzubrechen. Der Himmel drückte schwer auf mein Herz, das schon gerast hatte, bevor ich zu laufen begonnen hatte. Es fühlte sich an, als würde es jeden Moment explodieren. Die Panik war mir auf den Fersen und verfolgte mich durch die Straßen. Davon war ich fest überzeugt.

Ich lief durch die Haustür ins Wohnzimmer, stützte die Hände auf die Knie und rang nach Luft. Mein Vater war da. Er erhob sich vom Sofa und fragte, was denn los sei. Ich schluchzte und stammelte. Ich versuchte, ihm zu erzählen, dass etwas mit mir nicht in Ordnung sei, aber ich brachte kein Wort heraus. Er brauchte auch gar keine Worte, denn die Panik in meinen Augen verriet ihm, was los war. Er wusste, dass das kein normaler Kinderkram war. Etwas stimmte hier nicht und ich brauchte seine Hilfe.

Mein Vater verlor keine Zeit und begann, für mich zu kämpfen. Ja, es war ein richtiger Kampf. Seine normalerweise ruhige Art wich kämpferischer Entschlossenheit. Er sprach mit Vollmacht zu der dämonischen Gegenwart und befahl ihr mit kühnen Gebeten, dass sie aufhören solle, mich zu quälen. Aber obwohl er betete, ließ die Angst mich nicht los. Sie hielt mich fest umklammert.

Dann begann er, Lobpreislieder zu singen. Er sang die Lieder, die ich auswendig kannte, Lieder, die wir fast jeden Sonntag im Gottesdienst sangen. Aber jetzt sang er diese Lieder nicht sanft und gefühlvoll. Er sang sie mit der gleichen Vollmacht, mit der er betete.

Doch nichts schien sich zu ändern, zumindest anfangs nicht. Obwohl ich wusste, dass mein Vater bei mir war, ließ die Angst nicht nach. Die Minuten vergingen, und ich dachte, dass es womöglich nie aufhören würde. Aber mein Vater ließ nicht locker und sang weiter. Zehn Minuten vergingen, dann zwanzig. Nach dreißig Minuten ließ die erdrückende Panik endlich nach. Ich war in einer Hölle gefangen gewesen, die ich nicht selbst verursacht hatte. Dreißig Minuten, nachdem mein Vater angefangen hatte, zu singen und für mich zu beten, verließ dieses schreckliche Gefühl meinen Körper. Ich erlebte den Frieden, der jedes Verstehen übersteigt, und wurde von Dankbarkeit erfüllt. Es war, als käme der Himmel herab und übernähme das Kommando, genauso wie ich es als Vierjähriger im Auto erlebt hatte.

Die Qualen waren vorbei. Ich war fest davon überzeugt gewesen, dass ich sterben würde, aber ich war nicht gestorben, und ich war bei meinen Eltern endlich wieder in Sicherheit. Ich wurde nicht länger von der Panik erdrückt und mein Herzschlag normalisierte sich. Ich konnte wieder atmen. Ich lebte.

*

Ich habe diesen Abend in der Kindergruppe nie vergessen. Danach war alles anders. Ich wurde für die geistliche Welt sensibler und konnte Gottes Gegenwart und die Gegenwart des Bösen fühlen.

Die Gemeinde erlebte in dieser Zeit Gottes Wirken sehr stark. Er kam spürbar in die Lebenswirklichkeit vieler Menschen hinein. Sie fanden Erlösung, Heilung und Befreiung. Sie fanden im buchstäblichen Sinn Freiheit. Doch nach dieser ersten Erfahrung mit der dämonischen Welt waren Gemeindeveranstaltungen für mich auch Situationen, in denen ich mich davor fürchtete, dass meine Panik unter Umständen wieder zurückkehrte.

In meiner Kindheit gab es einige Sonntage, die von geistlicher Kampfführung bestimmt waren. Einen dieser Sonntage werde ich nie vergessen. Mein Vater predigte, und am Ende seiner Predigt lud er die Menschen ein, nach vorne zu kommen, wenn sie Gebet brauchten. Die Reaktion auf diese Einladung fiel genauso überwältigend aus wie an vielen Sonntagen zuvor. Die Menschen erhoben sich von ihren Plätzen und strömten nach vorn. Ich stand neben meiner Mutter. Sie hatte die Augen geschlossen und betete für die Menschen, die nach vorn kamen.

Mein Vater stand bei den anderen Mitgliedern des Gebetsteams, während die Menschen darauf warteten, für sich beten zu lassen. Das Lobpreisteam begann zu spielen, und ich fühlte, wie sich im Raum etwas veränderte. Es war mächtig, und schon in diesen jungen Jahren wusste ich, dass Gott etwas Besonderes tat.

Aus heiterem Himmel schrie eine Frau, als würde sie von einer unsichtbaren Macht angegriffen. Sie fiel auf den Boden und begann zu zittern. Zuerst wurden ihre Arme steif, dann ihre Beine. Hatte sie Schmerzen? Ihre Augen weiteten sich, und es sah aus, als wäre sie in einem Albtraum gefangen. Ich stand so dicht dabei, dass ich sie hätte berühren können, aber das wagte ich nicht. Etwas Dunkles umgab diese Frau, und ich wollte nicht, dass es mich angriff. Ich konnte spüren, wie die Angst in meinem Magen einsetzte.

Mein Vater und einige Mitglieder des Gebetsteams knieten neben der Frau nieder. Sie sprachen den Namen Jesus über ihr aus und fingen dann an, leise zu beten. Es dauerte nur wenige Minuten, bis sich ihr Gesicht vollkommen veränderte und sie aufhörte zu weinen. Ich sah zu, wie Frieden über sie kam, sie die Augen schloss und lächelte. Ihre Qualen waren vorüber. Frieden hatte Einzug gehalten. Aber obwohl diese Frau befreit worden war, wurde ich die Angst nicht los.

Als wir nach dem Gottesdienst vom Parkplatz fuhren, war ich erleichtert, dass dieses Erlebnis vorbei war. Ich hatte es geschafft, die Gemeinde zu verlassen, ohne in meinen eigenen Albtraum hineingezogen zu werden. Ich war einer weiteren Panikattacke entronnen, und das grenzte für mich an ein Wunder.

An diesem Abend fragte ich meinen Vater, wie ein Mensch besessen sein konnte. Er versuchte, es mir mit Worten zu erklären, die ein Siebenjähriger verstehen kann. Er erklärte, dass es im Leben eines Menschen manchmal eine Stimme, einen dunklen Einfluss gibt, der ihn auffordert, das Falsche zu tun. Mit der Zeit führt ihn diese Stimme auf einen Weg, der ihn immer weiter von Gott wegbringt.

„Aber ein dämonischer Einfluss muss aus deinem Leben verschwinden, wenn du das willst", sagte er.

Ich hatte Jesus in mein Leben eingeladen und war mit dem Heiligen Geist erfüllt worden. Ich hatte Eltern, die für mich beteten. Und trotzdem fragte ich mich, ob ein Dämon wohl die Kontrolle über mich bekommen könnte. Mein Vater muss geahnt haben, was mir durch den Kopf ging, denn er sagte, dass ich mir keine Sorgen zu machen brauche. Auch wenn ich vielleicht angegriffen würde, sei ich nicht besessen. Gott habe mir Werkzeuge an die Hand gegeben, um mit ihm in Verbindung zu bleiben und diese dunklen Mächte zu bekämpfen. Gott würde mich beschützen.

Mein Vater beruhigte mich mit Worten, die ich in diesem Alter verstehen konnte. Worte, die mir halfen, die irrationalen Ängste zu überwinden, die mich immer wieder überfielen. Und an diesen Worten hielt ich mich jahrelang fest.

*

Wochen vergingen und ich ging mit meinem Vater jeden Freitagabend zu den Gebetstreffen. Das Gebetstreffen an diesem einen Tag begann wie üblich mit Lobpreis. Auf dem Programm stand nur eines: Gott anzubeten. Wir fragten Gott, was ihm besonders am Herzen liege und wie er uns an diesem Abend führen wolle. Während die Musik spielte, standen einige Personen auf, andere blieben sitzen. Und wieder andere lagen mit dem Gesicht nach unten auf dem Boden und beteten Gott auf diese Weise an. Schon nach wenigen Minuten konnten wir Gottes Gegenwart im Raum spüren.

Es war ein ungewöhnlicher Abend, an dem Gottes Gegenwart sehr stark war. Während wir sangen, betrat eine unbekannte Frau den Raum. Sie war laut und pöbelte herum, war unruhig und aggressiv und brachte etwas Dunkles mit sich. Obwohl die Menschen im Raum vor ihrem Eintreffen in Anbetung und Lobpreis eins gewesen waren, brachte diese Frau Unfrieden.

Innerhalb weniger Minuten steigerte sich ihr leicht verstörendes Verhalten und sie rastete völlig aus. Es bestand kein Zweifel: Sie war von Dämonen besessen. Ein paar Leute stellten sich um sie herum. Sie versuchten, sie zu beruhigen. Währenddessen spürte ich, wie sich die vertraute Angst in meinem Bauch ausbreitete. In der geistlichen Welt fand ein Kampf statt, und obwohl ich erst sieben war, konnte ich das spüren. Ich wusste, dass der Feind versuchte, einen heiligen Moment zu stören.

Und ich war nicht der Einzige, der das spürte. Der Teufel hatte sich überschätzt und es mit dieser Frau zu weit getrieben. Das war für uns alle offensichtlich. Was als Ablenkung gedacht war, führte uns in Wirklichkeit tiefer in Gottes Gegenwart. Die Menschen im Raum bildeten eine Einheit und unser Lobpreis und das Gebet wurden intensiver und konzentrierter. Unsere Anbetung wurde höher und weiter und tiefer. Obwohl die Panik lauerte, obwohl sie gleich neben mir war, griff sie mich nicht an. Irgendwie wusste ich, dass Gott mich beschützte.

Ich stimmte in den Lobpreis ein, und obwohl ich das Chaos um mich herum fühlen konnte, überwältigte es mich nicht. So mächtig und so stark spürbar war Gottes Gegenwart an diesem Abend. Ich wusste, dass er mich beschützte. Und ich hatte noch nie in meinem Leben etwas mit einer solchen Sicherheit gewusst.

Angesichts dieser Atmosphäre konzentrierter Anbetung hatte die Dunkelheit keine Chance. Nach einigen Liedern wurde die Frau von ihren Qualen befreit. Sie hörte auf zu schreien und zu weinen. Ihr Körper entspannte sich und eine tiefe Ruhe überkam sie. Ich konnte spüren, wie Frieden im Raum einkehrte, und begriff, dass der Feind in einer Atmosphäre des Lobpreises, an einem Ort, an dem Gott gegenwärtig ist, keine Macht hat.

*

Die Angst- und Panikattacken traten in jener Zeit gehäuft auf. Sie konnten jeden Moment zuschlagen. Manchmal gewann ich diese Kämpfe, aber in anderen Augenblicken übermannte mich die Angst.

Sehr oft überfiel sie mich nachts. Ich starrte dann an die schwarze Zimmerdecke hinauf und fragte mich, ob ich vielleicht einen Dämon sehen würde oder vielleicht sogar den Teufel persönlich. Meine Gedanken gerieten völlig außer Kontrolle. An manchen Abenden hielt ich es einfach nicht mehr aus. Die Angst eskalierte und steigerte sich zu Panik. Und die Panik wurde schwer und erdrückend; sie legte sich auf meine Brust und drohte, mich zu zermalmen und in die Tiefe zu ziehen.

Es gab Zeiten, in denen die Panik so heftig wurde, dass ich die Kontrolle verlor. Ich zwang mich, aufzustehen und den Flur entlangzugehen. Dabei hoffte ich, dass sich nicht plötzlich die Schranktür öffnete und ein Dämon mich zu Boden warf. In jenen Momenten kam mir der Flur endlos vor, aber wenn ich schließlich sein Ende erreichte, lief ich die Treppe hinauf und rannte dort durch einen weiteren pechschwarzen Flur, der zum Schlafzimmer meiner Eltern führte. Auf dem ganzen Weg verfolgte mich die Angst. Als ich schließlich vor ihrer Tür stand, schrie ich: „Es passiert schon wieder!"

Ich sprang auf ihr Bett und kauerte mich zwischen die beiden. Mein Vater setzte sich auf, packte mich an den Schultern, zog mich hoch und schaute mir in die Augen. Sein Blick war freundlich, aber durchdringend. Er sagte, dass es mir bald wieder gut gehen würde. Aber selbst wenn diese Worte der Wahrheit entsprachen, so spürte ich in diesem Moment nichts davon. Die Panik, die mich mitten in der Nacht verfolgte, war stark und drohte mich zu verschlingen.

Da ich noch so jung war, wusste ich nicht, wie ich diese Angst bekämpfen konnte, wenn sie mich überkam. Es war kein böser Traum, aus dem mich mein Vater hätte wecken können, oder irgendeine übertriebene Reaktion, bei der er mir mit logischen Worten hätte helfen können. Die Angst war real. Ich hatte es mit einem dämonischen Angriff zu tun, der bekämpft werden musste. Mein Vater begann damit, dass er den Namen Jesus aussprach. Er sprach ihn jedoch nicht nur einfach über mir aus. Er proklamierte den Namen Jesu, denn er wusste, dass dieser Macht hat, wenn er im Glauben ausgesprochen wird. Wenn die Angst nicht nachließ, berief er sich auf das, was Jesus für uns getan hat. Er erklärte, dass keine dämonische Macht etwas gegen diese Tat ausrichten könne. Das tat er immer wieder. Das Ganze hätte für mich als Kind sonderbar, vielleicht sogar beängstigend klingen müssen, aber es war nicht so. Stattdessen fühlte ich mich getröstet.

Wenn die Attacken hartnäckiger waren und ich tiefer in meiner Angst versank, sagte mein Vater Bibelverse auf, die er auswendig gelernt hatte. Er nahm Verheißungen in Anspruch, die Gott uns gegeben hat, und wenn das nicht half, begann er, Lobpreislieder zu singen. Normalerweise war das der Augenblick, in dem in den meisten Nächten alles besser wurde. Die erdrückende Schwere hob sich und die Finsternis verzog sich. Wenn das Gewicht sich langsam von meiner Brust löste, forderte er mich auf, mit ihm zu singen. Er wusste, wie wichtig diese Momente waren. Er konnte nicht allein kämpfen; ich musste lernen, dass auch ich meinen Teil dazu beitragen musste.

Diese Nächte wiederholten sich immer wieder. Bei manchen Gelegenheiten verging die Panik schnell, aber in anderen Nächten hielt sie so lange an, dass meine Mutter ihr Kissen nahm und sich auf das Sofa legte, während mein Vater weiterkämpfte. Er kämpfte, bis die Panik sich legte. Solange ich zurückdenken kann, benutzte er immer dieselben vier Waffen: Lobpreis, das Blut Jesu, den Namen Jesus und das Wort Gottes.

In der ersten Zeit vermittelte mein Vater mir nicht die theologischen Prinzipien, wie man geistliche Angriffe bekämpft. Er kämpfte einfach für mich, wenn ich in diesen schrecklichen Erfahrungen gefangen war.

Wenn ich nicht von Panikattacken heimgesucht wurde, brachten meine Eltern mir jedoch diese Grundprinzipien bei, damit ich verstand, welche Macht jedes dieser Prinzipien hat. Sie brachten mir bei: Wenn man einen geistlichen Angriff bekämpft, benutzt Gott diese Augenblicke, um uns auf einen geistlichen Krieg vorzubereiten. Auf diese Weise lernen wir, wie wir mit der Macht, die er schenkt, feindseligen Kräften in dem Lebensbereich entgegentreten, der angegriffen wird.

*

Vier Jahre vergingen, und auch wenn ich Momente starker Angst erlebte, verlief meine Kindheit größtenteils normal. Ich spielte im Freien und erkundete die Wälder. Ich spielte Baseball, Basketball und Football. Ich war oft mit Freunden unterwegs. Ich tat die Dinge, die normale Kinder eben tun. Obwohl es Phasen gab, in denen die Angst mich jede Nacht heimsuchte, gab es auch Zeiten, in denen ich wochenlang Ruhe hatte. Doch wenn diese Panikattacken auftraten, erkannte ich immer mehr, was mich wieder davon befreite: Lobpreis. Lobpreis durchbrach die Qual und brachte mir Frieden.

Mein Vater brachte mir in diesen ersten Jahren durch sein eigenes Vorbild bei, welche Kraft im Lobpreis steckt. Aber ich fragte mich oft, was passieren würde, wenn die Panik zuschlug und mein Vater nicht in der Nähe war. Wüsste ich dann, was ich zu tun hatte?

Ich nahm an der jährlichen Fahrt unserer gemeindlichen Kindergruppe ins Mount-Lassen-Camp teil. Ich liebte dieses Sommerlager. Dort gab es einen Fluss, in dem wir schwimmen und angeln konnten. Es gab Baseballfelder und Hütten und eine Scheune für unsere Veranstaltungen.

Trotzdem fuhr ich mit einer gewissen Angst dorthin. Falls ich eine Panikattacke hätte, wären meine Eltern nicht da, um mir dabei zu helfen, damit fertigzuwerden.

Wir kamen zum Abendprogramm in der Scheune zusammen und sangen all die Lieder, die ich liebte. Am Ende der Lobpreiszeit sprach der Gastprediger – an das Thema kann ich mich nicht mehr erinnern. Anschließend lud er jeden, der mehr mit Gott erleben wollte, ein, nach vorn zu kommen. Diese Einladung hatte er jeden Abend ausgesprochen, aber ich hatte nicht darauf reagiert. An diesem Abend fühlte ich mich jedoch angesprochen. Und so ging ich nach vorn und meine Freunde folgten mir. Einer der Erwachsenen kam zu mir, legte die Hände auf meine Schultern und betete. Ich schloss die Augen und lauschte seinem Gebet. Andere um uns herum lachten und weinten. Während er weiterbetete, überkam mich eine unerklärliche Freude. Sie füllte meinen Körper aus, und ich wusste, dass ich mich auf den mit Sägespänen bedeckten Boden legen sollte. Während ich das tat, spürte ich, dass ich von Gott völlig eingehüllt war; er füllte den Raum aus, er füllte mich aus.

Wie sich herausstellte, war ich nicht der Einzige, der Gottes Gegenwart so stark spürte. Im gesamten Raum wurden Kinder von Gott angerührt. Sie fielen in seiner Gegenwart zu Boden und beteten in fremden Sprachen. Ein Mädchen lag links von mir auf dem Boden und weinte. Während sie weiterweinte, spürte ich eine tiefe Traurigkeit bei ihr. Ihre Tränen steigerten sich zu einem lauten Schluchzen. Ich wusste, dass sie mit etwas Schwerem rang.

Einige Erwachsene knieten sich um sie herum und begannen zu beten, aber sie weinte nur noch mehr, da der Schmerz immer stärker wurde. So etwas löste normalerweise bei mir Angst aus, aber an diesem Tag war etwas anders. Ich spürte, dass ich in Sicherheit war, wenn ich dort blieb, wo ich war – auf dem Rücken liegend und völlig verwundbar. Ich wusste, dass ich keine Mauern errichten musste, um mich zu schützen. Ich musste nur in diesem Moment bei Gott bleiben, ihn anbeten und darauf vertrauen, dass er Angst und Panik fernhalten würde. Als ich mich an diese Wahrheit klammerte, war Gott treu: Ich blieb vor der Panik verschont.

Das war ein unvergesslicher Moment, der mir viel Hoffnung schenkte. Gott hatte mir gezeigt, dass ich Panik und Angst auch dann bekämpfen kann, wenn niemand da ist, der mir hilft. Ich sollte später auf diesen Anker angewiesen sein.

*

Im Laufe der Jahre lernte ich durch meinen Vater die vier Waffen verstehen, mit denen er die Angriffe des Feindes bekämpfte: den Namen Jesus, das Blut Jesu, das Wort Gottes und Lobpreis. Er setzte diese Waffen nie willkürlich ein. Er erkannte, was im jeweiligen Moment nötig war, und setzte die jeweilige Waffe dann ein.

Mit der Zeit verstand ich genau, warum mein Vater diese Waffen benutzte. Ich hörte, dass Jesus seine Macht durch das beweist, was er am Kreuz für uns getan hat, dass diese Tat Vollmacht und Gewicht hat und dass wir durch Jesu Namen Vollmacht bekommen, jeden Angriff abzuwehren. Ich begann zu verstehen, dass der Name Jesus auch Freiheit schenkt. Ich beobachtete oft, wie mein Vater für Menschen betete und diese im Namen Jesu geheilt wurden, genauso wie bei Petrus in der Apostelgeschichte.

Doch Petrus sagte: „Geld habe ich nicht. Aber was ich habe, will ich dir geben. Im Namen von Jesus Christus aus Nazareth: Steh auf und geh!" Apostelgeschichte 3,6

In meinem eigenen Leben erlebte ich die Macht der Worte aus dem Lukasevangelium:

Als die zweiundsiebzig Jünger zurückgekehrt waren, berichteten sie voller Freude: „Herr, sogar die Dämonen mussten uns gehorchen, wenn wir uns auf deinen Namen beriefen!" Lukas 10,17

Ich lernte auch die Macht von Jesu Tod und Auferstehung kennen. Ich verstand, was Jesaja meinte, als er sagte:

Doch er wurde blutig geschlagen, weil wir Gott die Treue gebrochen hatten; wegen unserer Sünden wurde er durchbohrt. Er wurde für uns bestraft – und wir? Wir haben nun Frieden mit Gott! Durch seine Wunden sind wir geheilt. Jesaja 53,5

Petrus stützt sich auf diese Wahrheit, als er im Neuen Testament schreibt: „Durch seine Wunden hat Christus euch geheilt" (1. Petrus 2,24). Ich lernte, dass *Sozo,* das Wort, das hier mit *Heilung* übersetzt wird, nicht nur körperliche Heilung meint. Es bedeutet auch *Errettung* und *(ewiges, ganzheitliches) Heil.* Mein Vater betete also damals für eine vollständige Heilung meines Geistes, meiner Seele und meines Körpers.

Die Macht von Gottes Wort lässt sich nicht leugnen. Die Bibel, das sind nicht nur Worte in einem Buch. Das Wort Gottes ist lebendig und aktiv und enthält Ratschläge und Richtlinien zu jeder Situation, die ich erlebe. Die Bibel ist das Wort Gottes und hat die Macht, durch Gottes Geist jede Situation zu verändern. Brian Simmons hat einmal gesagt: „Nur wer die Bibel voller Glauben liest, kommt auch in den Genuss der Zusagen, die darin gemacht werden." Während mein Glaube wuchs und ich immer mehr verstand, erlebte ich, dass dies tatsächlich so ist. Ich lernte: „Denn für Gott ist nichts unmöglich" (Lukas 1,37; NGÜ), und: „Denn die ganze Heilige Schrift ist von Gott eingegeben" (2. Timotheus 3,16). Die Bibel ist wie ein Anker. In verschiedenen Lebenssituationen wurden für mich unterschiedliche Bibelstellen wichtig. Sie gaben mir Halt und schenkten mir den Mut, schwere und manchmal schmerzliche Zeiten zu überstehen.

Alle diese Waffen sind mächtig – der Name Jesus, das Blut Jesu und das Wort Gottes –, aber die Waffe, die ich am häufigsten einsetzte, war der Lobpreis. Lobpreis schenkte mir so oft völlige Befreiung. Mit der Zeit begriff ich, was Morris Smith einmal gepredigt hat: „Echter Lobpreis trotzt jeder Definition; er kann nur erlebt werden. Lobpreis ist für Gott kein Thema, über das wir diskutieren oder Bücher schreiben können. Lobpreis, das ist Gemeinschaft mit Gott, die die Menschen erleben, die ihn lieben."

Ich stützte mich auf diese Wahrheit: Lobpreis und Anbetung – das ist mehr, als Gott Lieder zu singen. Es bedeutet, in unsere Beziehung zu ihm zu investieren, auch wenn uns nicht danach zumute ist oder wenn die Umstände schwierig sind. Lobpreis leugnet die Schwierigkeiten nicht, sie wendet sich aber trotzdem an Gott. Wenn wir Gott im Lobpreis anbeten, bekennen wir, wer Gott ist und wer wir durch ihn sind.

*

Ich hatte mein Leben um Lobpreis herum aufgebaut und Gottes Macht erlebt. Aber in den Stunden, nachdem ich mit Braden vom Fluss nach Hause gefahren war, befreite mich auch Lobpreis nicht von meiner Panikattacke. Vielleicht lag es daran, dass diese Attacke anders war als die in meiner Kindheit. Ja, es gab einige Ähnlichkeiten: Die Panik kam aus heiterem Himmel; sie überrumpelte mich; sie war hartnäckig. Aber trotz aller Ähnlichkeiten fühlte sie sich ganz anders an. Die Panikattacken meiner Kindheit schienen etwas mit der größeren geistlichen Realität zu tun zu haben. Die Panikattacke, die am Fluss begonnen hatte, hatte keine geistlichen Ursachen, zumindest nicht, soweit ich es beurteilen konnte. Vielleicht konnten die vertrauten Waffen deshalb scheinbar nichts ausrichten.

Ich hatte das Haus erreicht, rang um jeden Atemzug und verstand nicht, was mit mir los war. Ich brauchte verzweifelt Linderung, aber nichts geschah. Wenn ich gewusst hätte, dass ein halbes Jahr vergehen würde, bis ich endlich davon befreit wäre, hätte ich das wahrscheinlich nicht ausgehalten.

04

Im freien Fall

Ich ging im Wohnzimmer auf und ab, während meine Atmung immer flacher wurde. Jenn fragte, ob es sich wie die Panikattacken anfühle, die ich in meiner Kindheit gehabt hatte. „Es ist anders", antwortete ich. Sie erkundigte sich, inwiefern es anders sei, aber ich konnte es ihr nicht erklären. Stattdessen sagte ich ihr, dass ich die Panik nicht in den Griff bekommen könnte, ich bekäme einfach keine Luft.

„Versuche, langsam zu atmen", riet sie mir.

In meinem Kopf herrschte ein undurchsichtiger Nebel und ich war zu keinem klaren Gedanken fähig. War ich dabei durchzudrehen? Ich bat Gott, mich davon zu befreien, was auch immer „davon" war. Ich musste einfach wieder daran glauben, dass der Frieden genauso schnell zurückkehren könnte, wie die Panik eingesetzt hatte.

Auch wenn ich in die Tiefe gezogen wurde, auch wenn ich nur wenig Luft bekam, ich bemühte mich trotzdem nach Kräften, die Anbetungsmusik, die aus den Lautsprechern kam, mitzusingen. Ich hatte in meinem Leben schon so oft die Macht des Lobpreises erlebt und am eigenen Leib erfahren, dass Lobpreis Menschen neue Freiheit schenken konnte. Aber in diesem Augenblick, als ich zum ersten Mal nach langer Zeit in einer solchen Panikattacke gefangen war, schien nichts zu helfen.

Das muss doch aufhören. Ich kann nicht atmen. Ich ersticke.

Ich kniete auf dem Fußboden vor dem Fenster, mit dem Gesicht auf dem Boden, als ich die Stimme meines Vaters hörte. Ich blickte auf und sah, dass die anderen in der Küche standen. Ich hatte gar nicht mitbekommen, wie sie das Haus betreten hatten, aber sie standen mit Kris und Kathy bei Jenn und stellten ihr Fragen. Dann betraten sie das Wohnzimmer.

Eine Stunde war vielleicht vergangen, seit ich nach Hause gekommen war, es konnte aber auch eine Ewigkeit sein. Ich hatte keine Ahnung. Ich hatte jegliches Zeitgefühl verloren. Ich fragte meine Eltern, wie lange sie schon hier waren, und meine Mutter antwortete, eine Viertelstunde. Wie war es möglich, dass ich sie eine Viertelstunde lang nicht bemerkt hatte? *Alles entgleitet mir,* dachte ich.

Meine Mutter wiederholte Jenns Frage und wollte wissen, ob die Panikattacke so sei wie die, die ich als Kind erlebt hatte. Auch ihr teilte ich mit, dass es anders sei. Ich hatte über 15 Jahre lang keine Angst vor geistlichen Angriffen gehabt, aber das jetzt war anders. Es war etwas anderes, es war, als bräche meine Welt über mir zusammen. Alles brach zusammen, und obwohl es eine geistliche Komponente geben konnte – gibt es die nicht immer? –, war der aktuelle Anfall eher körperlicher Natur. Mit meinem Körper stimmte etwas nicht.

Eine weitere Welle überrollte mich ohne Vorwarnung, eine Welle von etwas, das sich wie Adrenalin anfühlte. Ich wurde immer tiefer in ein immer dunkleres Loch hineingezogen. Die Luft im Wohnzimmer fühlte sich an, als stünde sie unter Strom. Ich ballte die Fäuste, biss die Zähne zusammen und hoffte, diese Welle mit reiner Willenskraft zu vertreiben.

Nichts veränderte sich.

Kris kam zu mir und sagte, dass alles gut werden würde. Er selbst hatte auch schon Kämpfe hinter sich; er hatte einen Nervenzusammenbruch erlitten, aber Gott hatte ihn davon befreit. Seine Worte schenkten mir ein wenig Trost. Ich ging auf und ab, ich versuchte weiterhin, mein inneres Gleichgewicht wiederzufinden, und drehte mich zum Fenster herum. Wie viele Stunden waren vergangen?

Mein Herz hämmerte, als würde es mir jeden Moment die Rippen brechen. Ich wandte mich vom Fenster ab und sah Mark in der Küche, einen pensionierten Feuerwehrhauptmann und Freund der Familie. Ich hatte keine Ahnung, wie lange er schon da war. Er sprach mit Jenn. Zum ersten Mal fiel mir auf, dass ihre Augen rot und geschwollen waren. Sie ließ die Schultern hängen. Sie trug diese Last mit mir. Sie hörte Mark zu und nickte. Mein Freund zog sein Handy heraus und verließ die Küche.

Jenn kam ins Wohnzimmer und nahm meine Hand. Sie erklärte mir, dass der Krankenwagen unterwegs sei. „Alles wird gut", meinte sie. Ich wusste, dass man so etwas gewöhnlich dann sagt, wenn man selbst daran zweifelt. Sie versuchte, uns beide zu überzeugen.

Bei den Sanitätern war es genauso wie bei den anderen in den vergangenen Stunden: Sie waren plötzlich da. Es passierte also tatsächlich. Ich wandte mich an Jenn, schaute ihr in die Augen und bat sie zu beten. Hinter ihr sah ich meine Kinder. Sie drückten sich eng aneinander, weinten und hatten Angst. Eine elektrische Spannung lag in der Luft und setzte uns alle unter Strom.

Doch dann erlebte ich plötzlich einen Moment göttlicher Klarheit. In den vergangenen Stunden war mein Körper im Überlebensmodus gewesen, während alle um mich herum aktiv waren und versuchten, sich um mich zu kümmern. Zum ersten Mal, seit diese Sache begonnen hatte, sah ich einen kleinen Hoffnungsschimmer am Ende eines sehr dunklen Tunnels. Dieser Lichtstrahl wurde nicht heller, aber er genügte. In diesem Augenblick hatte ich das Gefühl, vor mir selbst und vor meiner Familie meinen Glauben laut bekennen zu müssen. Der Druck lag schwer auf meiner Brust, aber ich ging zu meinen Kindern, zog sie an mich und sagte: „In solchen Momenten wie diesen kommt Gott spürbar in unsere Lebenswirklichkeit hinein."

Etwas Wahreres hätte ich in diesem Moment nicht sagen können. Ich wusste, dass ich eine Grenze ziehen musste. Ich versuchte, mir meine eigene Geschichte bewusst zu machen und mich daran zu erinnern, dass Gott mir in den Augenblicken größter Verzweiflung immer nah gewesen war, dass er mir immer treu gewesen war. Obwohl ich in diesem Moment keine Hoffnung hatte, obwohl ich nicht wusste, wie oder wann es weitergehen würde, übermittelte dieser Glaubensschritt meinen Kindern eine wichtige Botschaft. Ich konnte sie nicht davor abschirmen, meinen Zusammenbruch mitzuerleben. Das wollte ich nicht einmal. Sie mussten sehen, wie ich zusammenbrach, damit sie auch mitansehen konnten, wie ich entschied, an Gott festzuhalten. Sie mussten erleben, dass es Dinge gibt, die nur Gott tun kann. Gott wird auf ganz neue Weise real, wenn er alles ist, was wir haben. Meine Kinder brauchten diesen Moment, um diese Wahrheit zu begreifen. Diese Erfahrung konnte ein Anker für ihren eigenen Glauben werden.

Das war einer der entscheidenden Augenblicke meines Lebens, als ich mich entscheiden musste, weiter zu vertrauen. Es fällt mir noch heute schwer, diesen Moment in Worte zu fassen, weil keine Worte seiner Bedeutung und Macht gerecht werden.

Der Sanitäter führte mich zum Küchentisch und forderte mich auf, mich zu setzen. Er maß meinen Puls, hielt ein

Stethoskop auf meine Brust und kontrollierte meine Atmung. Er nannte meine Vitalwerte. Ich hatte keine Ahnung, was die verschiedenen Werte bedeuteten, aber mein Herz raste, und die Sanitäter wirkten nervös und beeilten sich.

Der Sanitäter wandte sich an seinen Kollegen und verlangte etwas von ihm. Der zweite Sanitäter verließ die Küche. Kurz darauf kam er mit einer Sauerstoffflasche zurück. Er reichte mir eine durchsichtige Plastikmaske. Ich hielt sie über meine Nase und meinen Mund, während sie den Regler aufdrehten. Der Sauerstoff floss, und ich atmete so tief ein, wie ich konnte. Zum ersten Mal seit Stunden fühlte ich, wie Luft in meine Lunge drang. Darin lag ein weiterer kleiner Hoffnungsschimmer.

Ich fühlte einen Stich im Unterarm, als sie mir einen intravenösen Zugang legten. Der Sanitäter spritzte mir etwas hinein. Was auch immer es war, es wirkte. Zum ersten Mal seit Stunden verlangsamte sich alles. Mein Körper wurde wieder warm und mein Herz hämmerte nicht länger so stark. Es war natürlich ein chemischer Frieden, aber in diesem Moment war ich für jede Art von Frieden dankbar.

Mein Herz schlug immer noch zu heftig und zu schnell. Aber es gab auch eine gute Nachricht: Die Sanitäter glaubten nicht, dass ich einen Herzinfarkt hatte. Trotzdem wollten sie mich zur Beobachtung ins Krankenhaus bringen. Ich nickte, stand auf und folgte ihnen aus dem Haus. Als sie mich zum Krankenwagen führten, erinnerte ich mich daran, was ich zu meinen Kindern gesagt hatte.

In solchen Momenten wie diesem kommt Gott spürbar in unsere Lebenswirklichkeit hinein.

05

Meine eigene Waffe

In meiner Kindheit kamen die Angstattacken immer wieder. Es ließ sich nie vorhersagen, wann sie auftraten oder wieder abflachten. Aber mir war weniger wichtig zu verstehen, warum die Panikattacken kamen, als zu wissen, was ich tun musste, wenn sie zuschlugen. Mithilfe meiner Eltern lernte ich, damit umzugehen.

Meine Eltern brachten mir damals durch ihr Vorbild bei, wie wichtig Lobpreis und Anbetung sind. Sie traten der Panik mit der Kraft, die Gott uns schenkt, entgegen und schufen eine Atmosphäre der Anbetung Gottes, die die Angst vertrieb. Als ich älter wurde, brachten mir meine Eltern bei, wie ich selbst kämpfen konnte. Ich musste persönlich die Verantwortung für das übernehmen, was in meinem Leben passierte. Ich musste lernen, welche Macht und welche Autorität mir als Kind Gottes zur Verfügung stehen.

Doch ich fühlte mich alles andere als mächtig. Ich war ungefähr dreizehn, als die Angst sich in meinem täglichen Leben ausbreitete. Ich begann, in Autos und Fahrstühlen Platzangst zu bekommen und auch in Panik zu geraten. Mit der Nacht kam ebenfalls die Angst. Dadurch erhöhte sich die Wahrscheinlichkeit, dass ich auch nachts eine Panikattacke bekommen würde. Wenn ich einen Moment der Klarheit hatte, war mir bewusst, dass diese Ängste irrational waren, aber wenn die Panik über mich hereinbrach, half rationales Denken nicht weiter. Ich konnte die Angst nicht wegerklären.

Meine Mutter und mein Vater ließen nicht zu, dass die Angst unsere Familie zerstörte. Wenn die Panik am frühen Abend auftrat, ging mein Vater mit mir in ein anderes Zimmer, um mir dabei zu helfen, sie zu überwinden. Bevor meine Mutter zu uns ging, erklärte sie Eric und Leah, was mit mir los war, sagte ihnen, dass alles wieder gut werden würde und dass sie sich keine Sorgen zu machen brauchten. Wenn es vorbei war, beruhigten sie uns Kinder. „Das wird nicht ewig dauern“, sagten sie immer. „Irgendwann wirst du die Oberhand haben und die Panik wird aufhören.“

*

Es war ein Abend wie jeder andere. Ich saß mit meiner Familie im Wohnzimmer vor dem Fernseher. Ich kann mich nicht erinnern, was wir uns gerade ansahen, und auch die anderen Details jenes Abends liegen im Dunkeln. Ich weiß nur, dass es keinen Anlass dafür gab, nichts, das die Angst herbeiführte, aber plötzlich war sie da. Sie setzte in meinem Nacken ein, die Haare auf meinen Armen stellten sich auf. Bevor ich sie zurückdrängen konnte, strömten die Erinnerungen daran auf mich ein, wann die Angst mich zum ersten Mal heimgesucht und wie sich die Atmosphäre ohne Vorwarnung verändert hatte. Obwohl ich in unserem hellen, gemütlichen Wohnzimmer saß und von meiner Familie umgeben war, legte sich das gleiche erdrückende Gefühl auf mich.

Mein Vater musste das mitbekommen haben, aber er sprach es nicht sofort an und lenkte auch nicht die Aufmerksamkeit der anderen auf mich. In einem ganz ruhigen Ton bat er meine Mutter, Eric und Leah ins Bett zu bringen. Er selbst setzte sich zu mir auf das Sofa, während ich mich bemühte, nicht zusammenzubrechen. Den freien Fall vermochte ich jedoch nicht aufzuhalten. Ich wollte keine Angst mehr haben, aber ich fühlte mich vollkommen hilflos. Er begann sofort intensiv mit Gebet und Lobpreis.

Minuten vergingen, und ich fühlte, wie die Angst ihren festen Griff ein wenig lockerte. Es war nicht viel, aber es genügte. Dann wandte er sich an mich.

„Kämpfe mit mir", sagte er. „Wir besiegen es zusammen."

Er wusste, wie wichtig es war, dass ich meine eigenen persönlichen Siege erlebte. Deshalb forderte er mich auf, gemeinsam mit ihm meine Angst zu bekämpfen.

Wir begannen, einfache Anbetungslieder zu singen. Trotz meiner Tränen und meiner Kurzatmigkeit tat ich mein Möglichstes, um mitzusingen. Aber es wollte sich einfach kein Frieden einstellen. Deshalb schlug mein Vater seine Bibel auf. Er forderte mich auf, einige Verse laut zu lesen und diese Zusagen, die Gott uns gegeben hat, laut auszusprechen:

Denn für Gott ist nichts unmöglich. Lukas 1,37 (NGÜ)

Denn Gott hat uns nicht einen Geist der Ängstlichkeit gegeben, sondern den Geist der Kraft, der Liebe und der Besonnenheit. 2. Timotheus 1,7 (NGÜ)

Die Angst ließ mich trotzdem nicht los. Im Gegenteil, sie schien nur noch stärker zu werden. Wir begannen, Gott zu loben. Stunden vergingen. Ich sang, als wäre es das letzte Mal, dass ich zu

Gott singen würde. Ich ließ alles los, erhob meine Stimme mit ganzer Leidenschaft und Verzweiflung, aber ich sang und betete nicht, dass Gott kommen und mich retten möge. In diesem Moment der Verzweiflung betete ich Gott an und dankte ihm für das, was er ganz sicher tun würde. Ich kämpfte zusammen mit Gott für meinen Durchbruch.

Wir sangen die ganze Nacht hindurch bis in die frühen Morgenstunden und Gott erwies sich als treu. Als das erste Sonnenlicht durchs Fenster fiel, veränderte sich die Atmosphäre von einem Moment auf den anderen. Die Decke der Angst wurde weggezogen und an ihre Stelle trat der Frieden, den wir nur in der Gegenwart Gottes erleben. Ich schloss die Augen, und da war es wieder, dieses Gefühl tiefer Dankbarkeit, das ich immer erlebte, wenn die Angst nachließ. Es fühlte sich an, als wäre ich direkt aus der Hölle herausgezogen worden. Aber dieses Mal war der Durchbruch stärker und vollständiger.

Mein Vater spürte die Veränderung ebenfalls. Er schaute mich lächelnd an. „Du hast es geschafft", sagte er. „Du hast es besiegt." Ich hatte seine Hilfe gehabt, aber ich hatte gewonnen. Diese Nacht prägte mich. Lobpreis barg die Macht, diese unberechenbare Panik zu durchbrechen. Ich wusste, dass ich jetzt in die Offensive gehen konnte.

Mein Vater sorgte dafür, dass ich diesen Moment nicht vergessen würde. An den folgenden Tagen erinnerte er mich daran, dass Lobpreis und Anbetung der Schlüssel zu meinem Sieg über die Angst gewesen waren. Das war kein Zufall gewesen; es war zutiefst biblisch. Es war genauso wie in der Geschichte von König Joschafat.

König Joschafat herrschte über Juda und Jerusalem, als er von den Propheten eine Botschaft erhielt. Feindliche Armeen von drei verschiedenen Volksstämmen – die Ammoniter, die Moabiter und das Volk vom Gebirge Seïr – zogen gegen ihn und sein

Volk in den Krieg. Die feindlichen Armeen waren größer, stärker und zahlreicher als die Armeen von Gottes Volk, und sie hatten nur ein einziges Ziel: die totale Vernichtung.

Es war eine Zeit, in der Angst und Panik herrschten, und die Menschen sehnten sich verzweifelt nach Rettung. Joschafat ging es ebenso. Deshalb rief er das Volk zusammen und befahl allen zu fasten. Dann betete er zu Gott und erklärte, dass nur Gott allein sie retten könnte. Er erinnerte Gott an die Zusagen, die er seinem Volk gegeben hatte. Während des Gebets erfüllte Gottes Heiliger Geist einen der Propheten und dieser trat vor und brachte ihnen eine Botschaft von Gott. Er forderte das Volk auf, keine Angst zu haben, denn es war Gottes Kampf und nicht ihrer. Der Herr würde für sie kämpfen. „Zieht in die Schlacht", sagte der Prophet, „und seht, was Gott tun wird."

Der nächste Tag kam. Es war eine klassische biblische Kampfszene: Wie Gott durch den Propheten angewiesen hatte, marschierten Joschafat und das Volk von Juda und Jerusalem auf die feindlichen Armeen zu, die im Tal auf sie warteten. Während sie in den Krieg zogen, berief Joschafat Sänger, die vor dem Heer hergehen sollten. Diese Sänger sangen Loblieder und dankten Gott im Voraus für den Sieg, den er ihnen am Vortag versprochen hatte. Als die feindlichen Armeen die Loblieder hörten, geschah etwas Sonderbares: In den Truppen brach Chaos aus, sie richteten ihre Waffen auf ihre Verbündeten und töteten sich gegenseitig. Damit war die Schlacht vorbei. Gottes Volk war gerettet worden, ohne dass es auch nur ein Schwert erhoben hatte – und das durch einen einfachen Akt dankbaren Lobpreises, einen Glaubensakt.

„Das Entscheidende an dieser Geschichte ist", sagte mein Vater, „dass wir unsere tiefsten Ängste durch nichts besser bekämpfen können als durch Lobpreis und Anbetung. Wo Gott angebetet wird, verändert sich die Atmosphäre, weil er mit seiner

Macht in diese Situation hineinkommt. Er vernichtet unsere Feinde und vertreibt die Angst. Lobpreis und Anbetung öffnen gewissermaßen Gott und seiner Freiheit die Tür." Gott kommt uns ganz nah, wenn wir ihn vertrauensvoll anbeten. Einem solchen Lobpreis kann er einfach nicht widerstehen. Das erlebe ich bis heute.

*

Es war wenige Wochen vor meinem 13. Geburtstag und nur eine Woche nach unserem Sieg über die Angst. Ich saß mit meinem Vater im Wohnzimmer, und es war Zeit, ins Bett zu gehen.

„Falls heute Nacht etwas passiert", sagte er, „dann versuche doch zuerst einmal, selbst Gott anzubeten. Aber wenn du das Gefühl hast, dass du es nicht schaffst, kannst du mich jederzeit holen. Ich will nicht, dass du dich allein fühlst oder das Gefühl hast, du müsstest ohne Unterstützung damit fertigwerden."

Ich nickte und versprach, ihn zu holen, wenn ich eine schlimme Nacht hätte. Er verließ das Wohnzimmer und ging die Treppe hinauf in sein Schlafzimmer. Ich blieb unten und beschloss, auf dem Wohnzimmerboden zu schlafen.

Ich schlief schnell ein, aber Stunden später erwachte ich plötzlich. Ich setzte mich auf. Die Digitalanzeige der Uhr auf der anderen Seite des Wohnzimmers verriet, dass es drei Uhr morgens war. Mich überkam ein Frösteln. Eine dunkle Gegenwart war im Raum, sie saß direkt neben mir.

Die vertraute Panik brach aus. Als sie mich in die Tiefe zu ziehen begann, schoss mir plötzlich etwas durch den Kopf. Dieser Gedanke war so klar und deutlich, dass ich das Gefühl hatte, jemand hätte ihn laut ausgesprochen. Er trat mit einer solchen Klarheit in mein Bewusstsein, dass er meine Aufmerksamkeit fesselte, obwohl ich gerade eine Panikattacke hatte. Ich konnte die quälende Stimme nicht abschütteln. So etwas hatte ich noch nie zuvor erlebt.

Du wirst homosexuell sein.

Was?! Diese Stimme kam aus dem Nichts und ergab keinen Sinn. Konnte der Teufel mich schwul machen? Ich hatte keine Ahnung, aber diese Worte brachten eine solche Verzweiflung über mich. Die Verzweiflung hielt jedoch nicht lange an. Genauso schnell, wie der Gedanke gekommen war, verschwand er auch wieder, und ich hatte das Gefühl, dass Gott mir versicherte: So würde meine Zukunft nicht aussehen. Das war eine Lüge des Teufels.

Ich hatte noch nie zuvor erlebt, dass ich einen solchen Gedanken regelrecht hören konnte. Ich war wütend und begann, Gott mutig und radikal anzubeten. Ich ging im Wohnzimmer auf und ab und sang mit lauter Stimme. Der Teufel hatte eine Grenze überschritten.

Meine Anbetung wurde stürmischer und leidenschaftlicher, sie kam direkt aus meinem Herzen. Während eines Liedes hörte ich plötzlich in mir eine neue Stimme. Sie war lauter als die Stimme der Lüge. Sie brachte den vertrauten Frieden mit sich, und obwohl sie nicht hörbar war, wusste ich, dass Gott zu mir sprach. Es war ein mächtiger Moment. „Psalm 116, Verse 3 bis 9", sagte er.

Ich nahm meine Bibel vom Wohnzimmertisch und blätterte schnell darin. Ich fand den Psalm und las ihn laut:

Ich war schon gefangen in den Fesseln des Todes, Sterbensangst hatte mich gepackt, und ich war völlig verzweifelt. Da schrie ich laut zum Herrn, ich flehte ihn an: „O Herr, rette mein Leben!" Wie gnädig und gerecht ist der Herr! Ja, unser Gott ist voll Erbarmen! Er beschützt alle, die sich selbst nicht helfen können. Ich war in großer Gefahr, doch der Herr hat mir geholfen! Nun kann ich wieder ruhig werden und sagen: „Der Herr hat mir Gutes erwiesen!“ Ja, er hat mich vor dem sicheren Tod gerettet. Meine Tränen hat er getrocknet und mich vor dem Untergang bewahrt. Ich darf am Leben bleiben, darf weiterleben in seiner Nähe.

Als ich diese Worte las, erkannte ich ganz deutlich, dass Gott direkt zu mir und in meine Situation hineingesprochen hatte. Mir fiel auf, dass jeder Vers direkt das wiedergab, was ich fühlte.

Als ich diese dämonische Stimme zum ersten Mal hörte, erdrückte mich das Gefühl der Hoffnungslosigkeit regelrecht. Aber der Psalmist schrie im 4. Vers zu Gott, genauso wie ich, und Gott begegnete ihm mit Erbarmen, und bei mir war es ebenso gewesen. Gott schenkte mir Frieden und befreite mich von meiner Angst, genauso wie er das bei dem Verfasser dieses Psalms getan hatte. Aber das Beste war: Durch diesen Psalm versprach Gott mir, dass er mich beschützen würde. Er gab mir eine Zusage über mein Schicksal. Mich erwartete nicht der Tod. Ich würde in Gottes Nähe weiterleben.

Gott begegnete mir mit all seiner Macht und überwand die Hoffnungslosigkeit, die mich noch vor wenigen Momenten schier erdrückt hatte. Von einem Augenblick auf den nächsten wurde die quälende Stimme zum Schweigen gebracht und die Panik verschwand. Sie war fort. Ich las den Psalm noch einmal und wusste, dass Gott zu mir sprach. Ich hatte diese Verse, jedes einzelne Wort, gebraucht. Der Psalm war wie ein Messer, das alles durchdrungen hatte. Ich ließ den Frieden von Gottes Wort auf mich wirken und schlief ein.

Am nächsten Morgen wachte ich spät auf und ging in die Küche. Mein Vater saß schon am Frühstückstisch. Er erkundigte sich, wie die Nacht gewesen sei, und erwartete zu hören, dass es eine gute Nacht gewesen war, da ich ihn ja nicht um Hilfe gebeten hatte. Ich erzählte ihm, wie verrückt die Nacht gewesen war: Neben mir hatte ein Dämon gesessen und mir gesagt, dass ich schwul sein würde.

Mein Vater fragte, warum ich ihn nicht geholt hätte. Ich antwortete, dass ich genau das getan hatte, was er mich gelehrt hatte. Ich war wütend geworden und hatte angefangen, Gott zu loben, und dann hatte ich eine lautere Stimme gehört, die „Psalm 116“ gesagt hatte. Ich wusste, dass es Gottes Stimme gewesen war. „Sobald ich zu lesen anfing, verschwand die Angst. Das war herrlich!“, erzählte ich ihm.

„Diesen Moment wirst du nie vergessen“, sagte er. „Halte dich daran fest.“

*

Dieser unvergessliche Moment schenkte mir Zuversicht und Vertrauen. Und noch wichtiger: Er gab mir eine Zusage an die Hand, die ich immer wieder lesen konnte. Ich konnte diesen Psalm als Zusage über mein Leben aussprechen, wenn Angst in mir hochkam. Kein Mensch und kein Dämon konnten mir diesen Augenblick der Wahrheit rauben. Vor dieser Nacht hatte ich Verse verwendet, die meinen Vater mit Zuversicht und Glauben erfüllt hatten, und das hatte geholfen. Aber in dieser Nacht wurde Psalm 116 zu meinem persönlichen Psalm. Ich hatte meinen persönlichen Kampf ausgefochten und war siegreich daraus hervorgegangen. Diese Bibelstelle war kein Schwert, das mein Vater mir in die Hand gelegt hatte. Es war ein Schwert, das Gott mir gegeben und das ich persönlich ergriffen hatte. Ich wusste, wie viel Kraft darin steckte.

Ich hatte meine eigene Erfahrung mit Gott gemacht. Ein Mensch, der etwas selbst erlebt hat, wird falschen Botschaften und Argumenten nie wieder Glauben schenken, selbst wenn diese Botschaften vom Teufel höchstpersönlich kommen.

In den folgenden Monaten und Jahren vertiefte ich diese Erfahrung. Mit Lobpreis und Anbetung wurde die Angst immer vertrieben.

Doch als ich älter wurde, machte ich die üblichen Erfahrungen eines Teenagers, und etwas veränderte sich.

06

Eine 12-saitige Gitarre

In meinem ersten Jahr an der Highschool veränderte sich einiges. Ich ging immer noch zu den Gottesdiensten und nahm an den Veranstaltungen unserer Gemeinde teil, aber jetzt beschäftigte ich mich auch mit anderen Dingen. Ich liebte Sport und spielte im Winter Basketball und im Sommer Baseball. Ich wollte der Beste sein und war davon besessen, jeden Nachmittag zu trainieren. Ich wurde in die Schulmannschaften aufgenommen und fuhr zu Spielen und Turnieren in ganz Nordkalifornien. Wenn ich nicht zu meinen eigenen Veranstaltungen unterwegs war, ging ich zu Erics Baseballspielen und Ringkämpfen. Wir lebten von einer Sportsaison zur nächsten, und das lenkte mich von Gott und von den Erfahrungen ab, die ich mit ihm gemacht hatte.

Wenn ich nicht im Fitnessstudio war oder Sport trieb, fand ich andere Dinge, um mich abzulenken. Ich hing mit Freunden ab oder verbrachte Zeit mit meiner Freundin. Ich entfernte mich immer weiter von allem, was Gott in meinem Leben getan hatte. Dabei wurde meine Beziehung zu Gott ein wenig oberflächlich. Und da alles im Leben eines Christen von seiner persönlichen Beziehung zu Gott abhängt, stumpfte ich geistlich ab, was wiederum dazu führte, dass sich Kompromisse in mein Leben schlichen.

Irgendwann fanden Freunde einen Porno und wir schauten uns den Film eines Abends an. Es war meine erste Erfahrung mit Pornografie. Und dabei erwachte etwas in mir. Ein Bedürfnis. In der Folgezeit wuchs die Anziehungskraft von Pornografie. Damals gab es noch keine Smartphones und auch keinen Internetzugang, wie wir ihn heute haben. Dennoch wurde mein Hunger nach Pornografie immer stärker und schien zu wachsen, obwohl ich versuchte, ihn zu bekämpfen. Die ständige Versuchung und mein ebenso ständiges Versagen waren sehr entmutigend.

Die Ablenkung durch den Sport und mein Kampf mit Pornografie lösten die gleichen Schuldgefühle in mir aus, die ich vor vielen Jahren als Kind gehabt hatte, aber dieses Mal ließ ich mich durch die Schuldgefühle nicht zur Umkehr leiten. Stattdessen verdrängte ich meine Schuldgefühle. Ich hatte mein Herz zwar Gott gegenüber nicht verschlossen, aber die Scham entmutigte mich doch. Meine Bibel war nun weniger Gottes Wort, in dem ich Leben und Ermutigung gefunden hatte, sondern bloß ein Gegenstand, der neben meinem Bett lag. Ich hatte das Wichtigste aus dem Blick verloren, und das konnte man an der Art und Weise ablesen, wie ich mein Leben führte.

In dieser Zeit der Ablenkung war die Angst fast verschwunden. Ich erlebte nicht länger Panikattacken, die früher ein ständiger Begleiter gewesen waren. Ich konnte nachts normalerweise durchschlafen. Es war eine Zeit relativer Ruhe. Rückblickend weiß ich auch, warum: Ich bewegte mich in meiner Beziehung zu Gott nicht weiter und wurde in Glaubensdingen nachlässig.

Es gibt Zeiten, in denen wir den falschen Weg einschlagen. Aber auch dann findet Gott einen Weg, um uns zum Umdenken zu bewegen. Ich erinnere mich noch an den Tag, an dem er schließlich eingriff, obwohl ich damals nicht wusste, dass dieser Augenblick den Lauf meines Lebens verändern würde. Eric brachte eine alte 12-saitige Gitarre mit nach Hause. Er entfernte die hohen Saiten und machte daraus eine sechssaitige Gitarre. Tagelang spielte er alle Akkorde, die er kannte, und ich fand, es wäre doch cool, auch ein paar Akkorde zu lernen, damit ich mit meinem Jugendpastor einige Lieder spielen könnte. Ich bat Eric, mir einige Akkorde beizubringen. Als er eines Nachmittags nicht zu Hause war, nahm ich mir die alte Gitarre, die neben seinem Bett stand, und spielte einen Akkord.

Ab diesem Augenblick war die Gitarre *meine* Gitarre und Eric bekam sie nie zurück.

Ich war wie besessen davon, auf dieser Gitarre zu spielen. Ich schnappte mir ein altes Gitarrenbuch und begann, mir selbst das Gitarrespielen beizubringen. Wenn ich nicht in der Schule oder beim Training war, übte ich. Ich konnte sie einfach nicht aus der Hand legen und merkte, dass mir Musik leicht fiel. Noch wichtiger war, dass ich mich daran erinnerte, wie wichtig Lobpreis in meinem Leben war. Die Gitarre zog mich wieder zu Gott hin und so spielte ich immer mehr Anbetungslieder. Ich begann, selbst ein paar Songs zu schreiben. Währenddessen ließ meine Sportbesessenheit nach. Mein Blick richtete sich auf etwas Neues.

*

Als ich 13 war, fuhr ich mit meiner Jugendgruppe ins Sommerlager *Springs of Living Waters* in Chico, Kalifornien. Ich fuhr nicht gerade mit hohen Erwartungen hin, aber Gott brauchte auch meine Erwartungen nicht, um etwas Einschneidendes zu tun.

Eines Abends sprach er zu mir. Während des Lobpreises spürte ich seine Nähe und dann sprach er mich durch die Predigt direkt an. Der Prediger erzählte, dass wir uns Gott hingeben sollen, dass wir uns ihm vollständig anvertrauen sollen. Während ich zuhörte, erkannte ich, dass sich mein Leben ändern musste. Ich hatte mich Gott nicht vollständig hingegeben, und das führte mir diese Predigt vor Augen.

Am Ende der Predigt lud uns der Redner ein, nach vorn zu kommen und unser Leben Gott neu anzuvertrauen. Ich wusste, dass dieser Aufruf mir galt. Gott berief mich zu mehr, deshalb zögerte ich nicht. Ich ging geradewegs zum Altar und kniete davor nieder. In diesem Moment brach die Welt über mir zusammen, und ich erkannte, dass ich mich mitten in einem Kampf befand, denn die Angst und die Panik, die ich so lange nicht mehr gespürt hatte, stürmten auf mich ein. Mein Herz hämmerte, und ich verspürte die Angst davor, die Kontrolle zu verlieren. Mir war klar: Diese Angst stand in einem direkten Zusammenhang mit der Lebensübergabe, die ich gerade machen wollte. Etwas versuchte, mich von einem Leben mit Gott abzuhalten, aber ich würde dem nicht nachgeben. Ich sprach das Gebet und vertraute Gott alles an, obwohl die Angst zunehmend wuchs.

Andy Szolosi, mein Kleingruppenleiter, stand links von mir. Ich wandte mich an ihn und sagte ihm, dass er für mich beten müsse. Ich bat auch einige Freunde um Hilfe. Aus Erfahrung wusste ich, was ich tun musste: Ich musste in diesem Moment das Kommando übernehmen, denn Lobpreis würde den Durchbruch bringen. Meine Freunde begannen, mit mir zu singen. Während wir Gott anbeteten, traten Tränen in meine Augen. Die Erinnerungen an Gottes Treue erfüllten mich, und ich wusste, dass er sich auch jetzt wieder als zuverlässig erweisen würde.

Umgeben von einer kleinen Gruppe von Freunden betete ich Gott an. Die Panik drohte mich weiterhin zu erdrücken, aber es kam mir so vor, als sei unser Lobpreis ein Schutzschild dagegen. Deshalb lobten wir Gott noch leidenschaftlicher und sangen noch lauter. Uns war egal, was die anderen dachten. Der Lobpreis zeigte seine Macht und Gott kam uns ganz nah. Alles andere trat in den Hintergrund und wir spürten Gottes Gegenwart ganz intensiv. Meine Angst und die Panik verschwanden. Mir wurde bewusst: Dies war das erste Mal, dass ich eine Gruppe bei der Anbetung geleitet hatte.

In diesem Jahr fuhr ich mit einer neuen Vision aus dem Camp nach Hause. Ich hatte mein Leben nicht in der Hand, aber meine Anbetung schon. Es war, als hätte jemand eine Grenze gezogen und wäre auf Gottes Seite gegangen. Als wir nach Weaverville zurückfuhren, war ich entschlossen, mich Gott in Zukunft völlig hinzugeben. Ich wusste, dass ich in dieser Hinsicht nicht länger nachlässig sein konnte. Die Tage des unverbindlichen geistlichen Vor-sich-hin-Lebens waren vorüber. Es war Zeit, Gott intensiv nachzufolgen.

*

Zurück in Weaverville vertraute ich mein Leben vollständig Gott an. Daraufhin brachte mir der Heilige Geist einige Wahrheiten bei, die bis dahin nur schöne Gedanken gewesen waren: „Auf uns wartet also ein neues Reich, das niemals erschüttert wird. Dafür wollen wir Gott von Herzen danken und ihm voller Ehrfurcht dienen, damit er Freude an uns hat. Denn unser Gott ist wie ein Feuer, dem nichts standhalten kann“ (Hebräer 12,28–29). Als diese Wahrheit in meinem Leben Realität wurde, stellte ich fest, dass Gott alle Götzen vernichtete. Vieles veränderte sich und Lobpreis stand nun im Mittelpunkt meines Lebens. Musik zu schreiben beherrschte den Rest meines Sommers. Ich schrieb viele Songs, aber keiner davon war wirklich gut. Dann schrieb ich „You're the Miracle of My Life“ („Du bist das Wunder meines Lebens"). Es war mein erstes richtiges Lied. Als es fertig war, beschloss ich, es meinem Jugendpastor vorzusingen. Doch ich war nicht sicher, was er davon halten würde.

Am nächsten Tag ging ich in das Büro meines Jugendpastors, Mike Morris. Ich erzählte ihm von dem Song, und er forderte mich auf, ihm diesen vorzuspielen.

„Brian, das ist ein gutes Lied", sagte er anschließend. „Würdest du es diese Woche in der Jugendgruppe spielen?"

Man hatte mich noch nie aufgefordert, den Lobpreis zu leiten. Ich hatte immer nur im Hintergrund gespielt, aber nie vor einer Gruppe den Lobpreis geleitet. Doch jetzt willigte ich, ohne nachzudenken, ein.

An diesem Mittwochabend begann Mike mit dem Lobpreis und ich stand hinter ihm und spielte Gitarre. Ich konzentrierte mich, so gut ich konnte, auf die Akkorde und verdrängte meine Nervosität. Nach diesem Song wäre ich an der Reihe. Ich war völlig durchgeschwitzt, als er den letzten Akkord des Liedes spielte, das er leitete.

Endlich war ich an der Reihe. Ich trat ans Mikro, spielte den A-Akkord und sang die erste Zeile: „You're the miracle of my life, and you set me free" („Du bist das Wunder meines Lebens und du hast mich befreit"). Während ich spielte und die anderen mitsangen, verflog meine Nervosität. In diesem Moment wusste ich, dass ich dafür geschaffen war, Lobpreis zu leiten. Ich hatte noch nie so intensiv das Gefühl gehabt, am richtigen Platz zu sein.

Ich stieg von der Bühne, und Linda Lee, eine Freundin der Familie, kam auf mich zu.

„Ich habe den Eindruck, dass Gott dich dazu berufen und begabt hat, Lobpreismusik zu machen", sagte sie.

Sie hatte mich nur ein einziges Lied spielen hören. Woher wusste sie da, welche Pläne Gott für meine Zukunft hatte? Aber ich ahnte, dass sie recht hatte, und klammerte mich an diesen prophetischen Eindruck. Gott gab mir hier ein Versprechen. Es war das erste Mal, dass jemand einen Eindruck zum Thema „Lobpreis" für mich hatte.

Und ich glaubte daran. Nach diesem Gottesdienst tat ich alles, was mir möglich war, um mich als Lobpreisleiter weiterzuentwickeln. Ich übte rund um die Uhr und leitete den Lobpreisteil, so oft ich konnte. Ich begann auch, jede Woche in einer Drogenrehagruppe den Lobpreis zu leiten. Ich leitete immer häufiger in der Jugendgruppe den Lobpreis. Ich schrieb weiterhin Songs, hauptsächlich Songs, die auf meine eigene Erfahrung zurückgingen. Manchmal schrieb ich auch Lieder direkt aus der Bibel auf Notizkarten, damit ich sie auswendig lernen konnte. Am Ende des Sommers wollte ich nur noch eines: für den Rest meines Lebens Lobpreis leiten und Songs schreiben.

Ich wusste es damals noch nicht, aber Gott hatte die Erfahrungen meiner Kindheit dazu benutzt, um mich darauf vorzubereiten, die Anbetung in der Gemeinde zu leiten und Lobpreissongs zu schreiben. Ich wusste, dass ich Lieder schreiben sollte, die Menschen durch Anbetung Gott näher bringen, denn diese Art von Lobpreis kann unheimlich viel bewegen.

Durch meine Erfahrungen wusste ich, dass Gott oft Menschen sofort heilt, wenn er ihnen dadurch deutlich machen will, dass sie seine Kinder sind. Aber wenn Heilung oder Befreiung längere Zeit in Anspruch nehmen, verfolgt Gott damit oft eine andere Absicht: Er bereitet diese Person auf einen geistlichen Kampf vor und schenkt ihr Vollmacht und Kraft. Als ich in meiner Kindheit unter Panikattacken litt, erfuhr ich am eigenen Leib, was Lobpreis und Anbetung bewegen können. Diese Erfahrungen bildeten das Fundament meiner Arbeit als Lobpreismusiker.

*

Der Sommer ging zu Ende und mein letztes Schuljahr begann. Im Jahr zuvor war ich von Sport und Training wie besessen gewesen. Sie waren gewissermaßen meine Götzen gewesen. Deshalb beschloss ich, als Teil meiner Lebensübergabe an Gott in Zukunft auf diese Dinge zu verzichten. Ich gab auch meinen ordentlichen, modischen Sportlerlook auf. Stattdessen ließ ich mir einen struppigen Bart stehen und die Haare wachsen. Ich kaufte in einem Secondhandladen alte Jeans und ausgebleichte T-Shirts und veränderte meinen Stil und mein Aussehen radikal. Jeden Tag ging ich nach der Schule nicht länger ins Fitnessstudio, sondern setzte mich in mein Zimmer und spielte stundenlang Gitarre. Ich machte keine halben Sachen; wenn ich etwas machte, dann war ich immer ganz bei der Sache.

Aber nicht jeder fand meine Entscheidungen gut. Im Englischunterricht beugte sich meine Tischnachbarin zu mir herüber und fragte, was mit mir los sei. „Du hast immer so gut ausgesehen“, sagte sie. „Jetzt siehst du so hässlich aus.“ Obwohl mich eine solche Bemerkung wenige Monate zuvor noch sehr verletzt hätte, tangierte sie mich in dieser neuen Lebensphase überhaupt nicht. Ich hatte Gott mein Leben anvertraut, und mir war gleichgültig, was die anderen darüber dachten.

Auch in meinem letzten Schuljahr setzte ich mich jeden Tag nach der Schule zu meiner Mutter und erzählte ihr von meinem Tag. Nachdem sie die Veränderungen in meinem Leben einige Wochen lang beobachtet hatte, sprach sie mich darauf an, dass ich mein Aussehen verändert und den Sport an den Nagel gehängt hatte. Warum hatte ich den Kontakt zu meinen alten Freunden abgebrochen?

„Das musste ich tun. Ich musste drastische Veränderungen vornehmen, um dem Weg zu folgen, den Gott für mich hat“, erklärte ich ihr. „Mach dir keine Sorgen, Mom.“

„Ja, Gott hat einen Plan für dich“, pflichtete sie mir bei.

„Schon als du klein warst, wusste ich, dass Gott dich zu etwas Besonderem berufen hat."

Jahre später erfuhr ich, dass meine Eltern wegen meiner dramatischen Veränderungen etwas nervös waren. Sie waren nicht sicher, ob es wirklich eine gute Entscheidung gewesen war, mit dem Sport aufzuhören und mir einen Hippielook zuzulegen. Ihnen war auch nicht klar, warum ich nicht mehr ins Fitnessstudio gehen sollte, aber ich wusste, dass das nötig war. Doch obwohl sie meine Entscheidungen im Stillen infrage stellten, versuchten sie nicht, mich daran zu hindern. Ich leitete weiter den Lobpreis in der Gemeinde und fand meinen eigenen Weg. Ich begann zu lernen, wer ich ohne all das war, was vorher meine Identität bestimmt hatte. Meine Eltern gaben mir den nötigen Raum, sprachen oft mit mir und beteten weiterhin für mich. Ihre Sorgen verschwanden, als sie sahen, welche positiven Auswirkungen diese Entscheidungen nach sich zogen.

*

Im Winter meines letzten Schuljahrs rief die *Bethel Church* in Redding – die Gemeinde, in der mein Opa viele Jahre Pastor gewesen war – meinen Vater an. Sie brauchten einen neuen leitenden Pastor und fragten, ob er dazu bereit wäre, diese Aufgabe zu übernehmen. Er fühlte sich in der *Mountain Chapel* wohl, und wir erlebten dort, dass Gott das Leben von Menschen veränderte. Deshalb antwortete er, ohne darüber zu beten: Er würde Weaverville nicht verlassen.

Nur wenige Tage später gab Gott ihm zu verstehen: „Du hast mich nicht gefragt!" Mein Vater wusste, dass dies stimmte. Deshalb rief er in der *Bethel Church* an und willigte ein, zu einem Vorstellungsgespräch zu kommen.

In dieser Zeit gab es an Orten wie Brownsville und Toronto große Erweckungen. Meine Eltern waren an beiden Orten gewesen. Sie hatten Gottes Gegenwart und seine Wunder mit eigenen Augen gesehen. Entsprechend erklärte mein Vater den leitenden Mitarbeitern in diesem Vorstellungsgespräch, dass er in Redding eine Erweckung erleben wollte. Falls er ihr Pastor würde, würde sich daran nichts ändern. Nach dem Gespräch bat man ihn zu predigen. Er predigte darüber, dass wir Gott den Zehnten geben sollen, ein Thema, das wahrscheinlich nicht allzu beliebt ist. Trotzdem wurde ihm eine Woche später die Pastorenstelle angeboten. Er willigte ein und so verabschiedete sich meine Familie im Januar 1996 von der *Mountain Chapel*.

Nachdem wir uns in Redding niedergelassen hatten, setzte fast unverzüglich eine Erweckung ein. Gott zeigte uns, dass er da ist und uns zu sich führen will; Menschen wurden geheilt. Doch diese Entwicklung hatte auch ihren Preis. In den ersten Monaten verließen über tausend Menschen die Gemeinde, da sie sich bei dem, was hier geschah, nicht wohlfühlten. Jemand sagte sogar: „Ich weiß, dass Gott hier wirkt, aber es ist einfach nichts für mich." Trotzdem verloren meine Eltern nie das Ziel ihrer Arbeit aus den Augen.

Es war eine aufregende Zeit in *Bethel* und ich liebte Redding immer mehr. Die Stadt war größer und bot mir mehr Möglichkeiten, den Lobpreis zu leiten. Durch den Umzug und den kürzeren Schulweg hatte ich mehr Zeit zur Verfügung. Ich schloss die Highschool schon im Frühjahr ab, wodurch ich mehr Zeit für meine Musik hatte. Und diese Investition zahlte sich allmählich aus. Scott Anderson, der Jugendpastor, lud mich ein, als Praktikant im Teensbereich mitzuarbeiten, und erkundigte sich, ob ich mich hier auch als Lobpreisleiter engagieren wolle. Ich sagte sofort zu. Es war unglaublich aufregend, beim Aufbau von etwas Neuem mit dabei zu sein.

Doch jede Arbeit hat ihre Herausforderungen. Das war auch in den 1990er-Jahren bei einem Praktikanten in der

Jugendarbeit nicht anders. Ich wollte eigentlich nur den Lobpreis leiten, aber unsere Jugendarbeit bestand eben nicht nur aus Lobpreis und Predigen. Wir führten auch kleine Theaterstücke auf und es gab Spiele. In meinen Augen war das aber alles völlig überflüssig. Mit den Spielen konnte ich mich ja noch abfinden, aber mit den Theaterstücken wollte ich nichts zu tun haben. Und ich hielt mit meiner Meinung auch nicht hinter dem Berg. Ich teilte Scott und den anderen Mitarbeitern mit, dass ich kein Interesse daran hätte, bei Sketchen und Spielen mitzumachen. Ich wollte den Lobpreis leiten, um alles andere hätte ich am liebsten einen Bogen gemacht. Ich bin mir sicher, dass ich die Geduld einiger Leute damals aufs Äußerste strapaziert habe. Ich verhielt mich bei diesen Gesprächen nicht gerade sehr diplomatisch; mit ihnen nahmen sogar einige Kommunikationsprobleme ihren Anfang.

Als ich das Lobpreisteam der Teenies übernahm, wollte ich, dass alles, was wir machten, exzellent wäre. Der Lobpreis sollte nicht irgendein Punkt auf einer Liste sein, den wir im Rahmen unseres Programms abhakten. Ich wollte die *besten* Songs und die *beste* Qualität haben, denn ich war mir bewusst: Wenn wir uns nach Gottes Nähe ausstreckten und ihn mit unserem Lobpreis anbeteten, halfen wir Menschen, ihn kennenzulernen.

Also begab ich mich auf die Suche nach Musikern, die bereit waren, diesen Weg gemeinsam mit mir zu gehen. Sie mussten verstehen, dass wir nicht nur Lieder sangen, um die Zeit vor der Predigt auszufüllen. Sie mussten ihre Instrumente beherrschen, und sie mussten in der Lage sein zu improvisieren, denn wir schufen mit unserer Musik einen Rahmen, in dem Gott wirken konnte.

Das war für die meisten ein völlig neuer Gedanke, und deshalb verstanden einige Musiker nicht, warum das wichtig war. Bei einer Probe stellte ich einen Musiker zur Rede, der die Noten nicht traf. Er entgegnete, dass er sich nicht gleichzeitig auf die Noten konzentrieren und Gott anbeten könne. Ich teilte ihm daraufhin mit, wenn er nicht die richtigen Akkorde spiele, solle er lieber zusammen mit der restlichen Gemeinde Gott anbeten. Wenn er aber weiterhin auf der Bühne stehen und helfen wolle, den Lobpreis zu leiten, müsse er Zeit investieren und die Songs lernen. Wir hatten eine Verantwortung und durften die Leute nicht von ihrer Anbetung ablenken. Die Botschaft kam nicht sehr gut an. Ja, es war auf jeden Fall richtig, dieses Problem anzusprechen, aber ich hätte meine Kritik auch diplomatischer formulieren können. Die Band wurde zunehmend besser, und während unser Jugend-Lobpreisteam immer mehr zusammenwuchs, tat Gott genau das, was ich mir erhofft hatte.

Wir machten großartige Erfahrungen beim Lobpreis in der Jugendgruppe und beschlossen, diese in die Gemeinde hinauszutragen. Deshalb unternahmen wir einen Straßeneinsatz in der Innenstadt von Redding. Wir wollten Lobpreislieder singen und Gottes Gute Nachricht weitergeben, aber bei alldem sollte Gott im Mittelpunkt stehen. Daher beschlossen wir, dass wir an bestimmten Abenden nur Lobpreislieder singen würden, und an anderen Abenden wollten wir den Schwerpunkt darauf legen, Menschen anzusprechen.

Jeden Donnerstagabend gab es in Redding einen kleinen Markt mit Essen und Livemusik. Unsere Lobpreisband suchte sich einen Platz in einer freien Ecke, und die Leute, die vorbeigingen, blieben stehen und hörten uns zu. Danach suchten sie oft das Gespräch mit unserem Team. Sie spürten, dass etwas anders war, wussten jedoch nicht, dass sie Gottes Macht durch Lobpreis erlebten. Die Musik schien sie für unsere Botschaft zu öffnen und viele von ihnen lernten Jesus kennen.

Eines Abends marschierte ein Mann durch unsere Band hindurch, griff in seine Tasche und zog eine Tüte mit Drogen heraus.

Er warf sie in eine Mülltonne, die hinter uns stand, und begann zu weinen, da er Gottes Gegenwart so stark erlebte. Und das, obwohl wir noch nicht einmal mit ihm gesprochen hatten! Die Atmosphäre der Anbetung löste etwas in ihm aus, das ihn veranlasste, seine Drogen wegzuwerfen. Und das war kein Einzelfall. Abend für Abend vertrauten Menschen ihr Leben Jesus an.

An einem anderen Donnerstagabend traf sich eine Gruppe von uns erneut zum Lobpreis. Die Straßenbeleuchtung fiel von beiden Seiten der Straße direkt auf uns. Während ich Gitarre spielte und wir gemeinsam Gott anbeteten, wanderte mein Blick nach links, und ich entdeckte eine Gruppe von Frauen, die von einer Seite der Straße näher kamen. Diese Frauen sahen zwar normal aus, aber ich spürte etwas Dunkles, etwas Schweres. Daraufhin bereitete ich das Team darauf vor, dass wir jetzt wirklich kämpfen müssten.

Die Frauen umkreisten uns, und ich spürte, wie sich eine fremde Gegenwart schwer um uns legte. Doch es war nicht Gott. Es fühlte sich an, als stünden wir mitten in einem Kampf, aber ich wusste, dass wir gewinnen würden. Wir kämpften gegen die geistliche Dunkelheit an und begannen, lauter zu singen.

Nach einigen Minuten ging ich auf die Frauen zu, betete aber Gott weiterhin an. Währenddessen begann die Atmosphäre, sich zu verändern. Das konnten wir alle fühlen. In diesem Augenblick drehten sich die Frauen um und verschwanden. Später erklärte uns jemand, dass diese Frauen Hexen gewesen seien. Doch Gott war mitten in diesen Kampf zwischen Licht und Dunkelheit hineingekommen und hatte die Dunkelheit vertrieben.

*

Meine Anbetungstheologie wurde durch Erfahrungen im alltäglichen Leben geprägt. Die Panikattacken meiner Kindheit waren echte Kämpfe gewesen, in denen ich auch echte, funktionierende „Waffen" einsetzen musste. Mit leerem, kraftlosem Kopfwissen konnte ich nichts anfangen. Ich musste die Wahrheit durch Lobpreis erleben, Lobpreis selbst im Leid, selbst in der Dunkelheit.

Auch Jesus führte dieses Leben der Anbetung und war so eng mit dem himmlischen Vater verbunden, dass die Dämonen vor ihm flohen. Sein Leben der Anbetung brachte Heilung und Errettung. Es durchdrang die tiefsten Schmerzen der Menschen und gab ihm nach seinem Tod die Macht, wieder ins Leben zurückzukehren. Diese Art der Anbetung hat wirklich die Kraft, Menschen zu retten. Als ich mich nach einem solchen Leben ausstreckte, erlebte ich nicht nur, dass Gott heilt und rettet, ich konnte beides auch an andere weitergeben.

Doch obwohl ich durch die Anbetung Gottes Gegenwart erfahren hatte, stieg ich 15 Jahre später in einen Krankenwagen. Jetzt musste *ich* gerettet werden.

Während die Sanitäter mir sagten, dass ich aufpassen solle, mir beim Einsteigen nicht den Kopf anzustoßen, lauschte ich dem gleichmäßigen Geräusch der Sauerstoffflasche. Die Männer teilten Jenn mit, dass sie nicht mitfahren könne, und so folgte sie uns in unserem Auto zum Krankenhaus. Obwohl die Beruhigungsmittel wirkten, konnte ich das erdrückende Gefühl nicht abschütteln, dass etwas nicht stimmte. Was war mit mir los?

07

Jenn Rock

An einem Freitagnachmittag im Januar 2004 musste meine Familie mitansehen, wie mein Großvater einen schrecklichen, qualvollen Tod starb – er hatte Bauchspeicheldrüsenkrebs. In den Jahren vor seinem Tod hatten unsere Familie und unsere Gemeinde für seine Heilung gebetet. Wir hatten dafür gebetet, dass unsere Stadt eine „krebsfreie Zone" werden würde. Vor diesem Hintergrund war es grausam, miterleben zu müssen, wie sehr mein Großvater litt und dass er schließlich seinen Kampf gegen den Feind verlor, gegen den wir anbeteten.

Meinen Vater traf dieser Verlust am härtesten. Mein Großvater hatte ihn in seiner Arbeit unterstützt und daher litt er unvorstellbar unter dessen Tod. Da mein Vater in seinen Predigten schon seit Jahren über seine tiefsten Überzeugungen sprach – unter anderem, dass Gott immer gut ist und dass der Teufel hinter den Krankheiten steckt, die uns heimsuchen –, bestand die Gefahr, dass er mit Verbitterung auf einen so verheerenden Verlust reagieren würde. Aber das tat er nicht.

Nur zwei Tage nach dem Tod meines Großvaters hielt mein

Vater in *Bethel* die mutigste Predigt, ich die je gehört hatte. In dieser Botschaft sprach er von seinem unerschütterlichen Glauben an Gottes Güte. Unter Tränen erzählte er von den letzten Tagen, die wir am Bett meines Großvaters verbracht hatten. Er berichtete, dass wir um meinen Großvater herumgestanden und ihm gesagt hatten, wie sehr wir ihn liebten. Wir hatten dafür gesorgt, dass rund um die Uhr jemand bei ihm gewesen war. Mehr als zwanzig Leute hatten stundenlang Lobpreislieder gesungen. Es kostete uns viel Kraft, dieses schreckliche Leiden mitzuerleben, uns davon aber nicht unterkriegen zu lassen und Gott trotzdem zu loben, aber es war uns eine Ehre, dieses Anbetungsopfer zu bringen.

„Wenn im Leben alles gut läuft, ist es leicht, dankbar zu sein. Aber Gott in einer Krise zu danken und zu loben – das ist eine echte Prüfung", sagte mein Vater.

Er erzählte weiter, dass sowohl er als auch mein Großvater fest davon überzeugt waren, dass wir in einer Zeit großer Umbrüche lebten, in einer Zeit, die den Lauf der Geschichte verändern würde. Sie glaubten, dass Gott seinen Heiligen Geist über den Menschen ausgießen und dass er seinem Volk Heilung schenken würde. Mein Großvater hatte sein Leben lang an diesem Glauben festgehalten und sich dafür eingesetzt, obwohl er letztendlich an Krebs starb. Mein Vater erklärte, dass er sich durch den grausamen, ungerechten und qualvollen Tod meines Großvaters nicht aufhalten lassen würde. Er würde um seinen Vater weinen und trauern. Er würde den Schmerz zulassen. Aber er würde diesem Schmerz nie erlauben, ihn davon abzuhalten, sich für Erweckung und Heilung einzusetzen.

Wenn Menschen große Verluste erleiden, basieren sie ihre theologischen Überzeugungen oft auf dem, was sie konkret erleben. Doch mein Vater ließ nicht zu, dass der Schmerz ihn zu falschen Schlussfolgerungen über das Wesen Gottes verleitete.

Vielmehr sehnte er sich danach, dass sein Glaube sich noch weiter vertiefte. Und er forderte uns auf, diese Entscheidung ebenfalls zu treffen. Wir hatten auch gar keine andere Wahl; wir mussten einfach daran glauben, dass Gott gütig ist. Ja, wir hatten einen Verlust erlitten, aber jetzt würden wir als Gemeinde unsere Anstrengungen verdoppeln und dafür beten, dass Gott die Menschen von dieser schrecklichen Krankheit befreite.

Mein Vater schloss seine Predigt mit den Worten: „Im Himmel wird es keinen Schmerz, keine Ungewissheit und keine Trauer mehr geben. Deshalb nehme ich jetzt den Schmerz an und lobe Gott *in* diesem Schmerz. Das ist ein Opfer, das ich Gott im Himmel nie werde machen können."

*

Diese abschließenden Worte meines Vaters gingen mir durch den Kopf, als ich im Krankenwagen saß. Ich wusste, dass auch meine Schmerzerfahrung eine Gelegenheit darstellte, Gott ein Anbetungsopfer zu bringen. Obwohl ich die Last der Angst und der Panik trug, wollte ich den gleichen Mut haben, den ich an jenem Sonntag vor so vielen Jahren bei meinem Vater gesehen hatte. Aber es war gar nicht so leicht, Gott unter diesen Umständen anzubeten. Obwohl das Beruhigungsmittel, das mir der Sanitäter zu Hause verabreicht hatte, zu wirken schien, war die Panik immer noch da und schien mich fast zu erdrücken.

Die Enge des Krankenwagens war für meine Angst auch nicht gerade förderlich. So sehr ich es auch versuchte, ich konnte während dieser 20-minütigen Fahrt einfach nicht richtig atmen. Ich bemühte mich dennoch, mich auf meinen Glauben zu stützen, und sang leise vor mich hin. Aber ich war mir gleichzeitig bewusst, dass ich in diesem Augenblick weniger um etwas bitten als vielmehr Gott etwas geben sollte. Hier ging es nicht darum, dass ich ihn anbetete, damit er mir Frieden schenkte. Ich sollte ihm ein Opfer bringen, ohne es an Bedingungen zu knüpfen. Ich musste ihm das geben, was ich in diesem Moment hatte – und das war nicht viel.

Ich bekam die Angst zwar nicht in den Griff, aber ich wusste, dass Gott gut ist. Er würde in meine Situation hineinkommen und mich daraus befreien. Das tat er immer. Ich wusste nur nicht, wann. Und so klammerte ich mich an die Wahrheit, dass Gott diesen Zusammenbruch nicht herbeigeführt hatte. Aber er war der Einzige, der mich herausholen konnte. Deshalb hatte ich Haley, Téa und Braden an mich gedrückt und ihnen gesagt: „In solchen Momenten kommt Gott spürbar in unsere Lebenswirklichkeit hinein."

Während der Sanitäter sich um mich kümmerte, fuhr der Krankenwagen den Highway entlang. Ich blickte mich um und nahm alles wie durch ein Breitwinkelobjektiv wahr. An meinem Finger war ein Clip befestigt, der meinen Puls maß. Von ihm führte ein Kabel zu einer piependen Maschine. Sauerstoff erhielt ich mithilfe einer Maske, die ich über Nase und Mund gelegt hatte, und über einen intravenösen Zugang wurde irgendetwas in meine Venen gepumpt.

Dass die Medikamente zu wirken begannen, bemerkte ich daran, dass mein Herzschlag sich endlich verlangsamte. Ich hatte nicht länger das Gefühl, als würde mein Herz aus meinem Brustkasten herausspringen. Ruhig drückte ich die Sauerstoffmaske auf mein Gesicht, um sicherzustellen, dass sie fest saß, und atmete so tief ein, wie ich konnte. Das war nicht sehr tief, aber ich bekam so viel Luft wie seit Stunden nicht mehr. Wenn das Beruhigungsmittel half, mich von dem Druckgefühl befreite und mir auch half, Luft zu bekommen, wäre es wohl gut, wenn ich noch mehr davon kriegte. Vielleicht würde es mir dann noch besser gehen. Ich erkundigte mich bei einem der Sanitäter, was er mir gegeben hatte. Er nannte mir den Namen des

Medikaments, dann fragte er, ob es wirke. Ich nickte und gab zurück: „Kann ich mehr kriegen?"

Wortlos nahm er eine Spritze und pumpte mir eine neuerliche Dosis in die Venen. Die erste Dosis dieses Medikaments hatte mir geholfen, meine Angst ein wenig in den Griff zu bekommen, aber diese zweite Dosis löste eine starke Taubheit aus. Ich schloss die Augen, als die grellen Lichter im Krankenwagen scheinbar gedimmt wurden. Die letzten Gespräche gingen mir durch den Kopf: der Sanitäter, der Jenn gesagt hatte, dass ich keinen Herzinfarkt habe, wenigstens nicht, soweit er es beurteilen könne. Es sähe eher nach einer Panikattacke aus, hatte er ihr mitgeteilt.

Der Krankenwagen hielt irgendwann an und die Türen gingen auf. Eine Krankenschwester wartete mit einem Rollstuhl und die Sanitäter halfen mir beim Aussteigen und übergaben mich der Krankenschwester. „Wir nehmen an, dass er eine Panikattacke hat", teilte einer von ihnen ihr mit. Ich hörte alles, was gesagt wurde, auch wenn es sonderbar gedämpft klang. Die Schwester nickte und schob mich dann durch den Wartebereich in einen kleinen, durch einen Vorhang abgetrennten Raum. Sie half mir aus dem Rollstuhl in ein Bett.

Vor dem Vorhang war Bewegung, aber ich war für alles, was um mich herum geschah, wie betäubt. Ärzte sprachen mit Patienten, Schwestern flüsterten und Maschinen piepten. Die Lampen waren hier noch greller als im Krankenwagen, soweit das überhaupt möglich war. Die Haut an meinem Unterarm juckte unter dem Pflaster, mit dem der intravenöse Zugang befestigt war. Vor weniger als einer Stunde hätte ich dieses Gefühl nicht ertragen, aber jetzt fühlte sich alles irgendwie betäubt an.

Es schien eine Ewigkeit vergangen zu sein, als Jenn schließlich zu mir hinter den Vorhang trat. Als ich sie erblickte, brach ich in Tränen aus. Es war ein langsames, tiefes Schluchzen und ich konnte beim besten Willen nicht aufhören. Weinen? Ich doch nicht! Es ist nicht so, als hätte ich noch nie geweint, aber solche unkontrollierten Emotionen waren mir bislang fremd gewesen. Ich war Künstler, ja, aber ich gehörte nicht zu denen, die sich von ihren Gefühlen beherrschen ließen. Aber jetzt lag ich hier und war in Tränen aufgelöst.

Eine Stunde verging. Dann noch eine. Jenn und ich saßen allein hinter dem Vorhang und hielten uns an den Händen. Allmählich begriff ich, was passiert war: Ich hatte einen totalen Zusammenbruch erlitten, und obwohl ich wusste, dass Gott irgendwie eingreifen würde, ließ mich eine Frage nicht los: *Werde ich je wieder derselbe sein?*

Schließlich kam ein Arzt zu uns. Er nannte uns seinen Namen und stellte mir einige Fragen. Ich beantwortete diese, so gut ich konnte. „Die Angst kam aus heiterem Himmel“, erklärte ich ihm. „Egal, wie sehr ich es auch versuchte, ich konnte sie nicht abschütteln. ‚Erdrückend‘ ist nicht das richtige Wort“, sagte ich. „‚Qualvoll‘ trifft es schon eher.“

Er wiederholte die Frage des Sanitäters: Stand ich unter großem Stress?

Stand ich unter ungewöhnlich viel Stress? „Ähm ... ja“, antwortete Jenn. „Er steht nicht nur unter großem Stress. Er steht unter wahnsinnig viel Stress und auch der Druck ist groß. Und das nicht erst seit gestern. Der Stress wird seit Jahren immer mehr und in diesem Sommer ist es fast erdrückend.“

Der Arzt nickte. „Vielleicht zeigt Ihr Körper Ihnen gerade Ihre Grenzen auf. Sie können Ihrem Körper nur eine bestimmte Menge an Stress und Druck zumuten. Er kommt irgendwann an einen Punkt, an dem das Gehirn es nicht mehr ertragen kann und sozusagen die Systeme herunterfährt.“

Der Stress war seit Jahren immer größer geworden. Ich hätte dem Arzt zum Beispiel von unserem endlosen Hausumbau erzählen können, der unser Budget deutlich überstieg und viel zu lange dauerte – mehr als vier Jahre. Ich hätte ihm davon erzählen können, dass mein Finanzberater mich, nun, schlecht beraten hatte, und die Folgen waren ebenfalls erdrückend. Ich hätte ihm von den Problemen erzählen können, die durch die Gründung und den Aufbau von *Bethel Music* hinzukamen. Ich hätte ihm erzählen können, wie viel harte Arbeit damit verbunden ist, wenn man Teil einer Gemeinde ist, die sich zu einer großen Bewegung entwickelt.

Hinzu kam, dass ich diese Belastungen nicht einfach abschalten konnte, wenn ich nach Hause kam. Jeder Stressfaktor lief in einer Endlosschleife in meinem Kopf, und das wirkte sich auf meine Beziehung zu meiner Frau und meinen Kindern aus. So schwer das für die Kinder auch war, für Jenn war es noch schwerer. Wir sprachen ständig über irgendeinen Stressfaktor in unserem Leben. Die Kombination aus Familie, Unternehmen, Tourneen, geistlichem Dienst und Gemeinde war einfach zu viel. Wenn ich nur daran dachte, war ich schon völlig erschöpft. Obwohl ich dem Arzt das alles hätte erzählen können, tat ich es nicht. Ich lag nur ruhig da.

Seine Frage brachte eine Tatsache ans Licht, die mir überhaupt nicht bewusst gewesen war, obwohl sie offensichtlich war: Ich war so beschäftigt gewesen, dass ich mir nicht die Zeit genommen hatte, mir darüber Gedanken zu machen, wie hoch meine Belastungen durch Stress, Druck oder Konflikte waren. Und selbst wenn ich doch einmal darüber nachdachte: Ich konnte einfach nicht aufhören. Trotz der Schwierigkeiten liebte ich das, was wir hier gemeinsam aufbauten. Ja, wir hätten weniger arbeiten können, aber wir hatten auch das Gefühl, dass wir das machten, wozu Gott uns berufen hatte.

Aber die Aufgaben, die wir übernommen hatten, waren gar nicht das eigentliche Problem. Im Laufe der Jahre hatte ich negative Gefühle, Frustrationen und Verletzungen in mich hineingefressen, weil ich dachte, wenn ich sie ignoriere, würden sie schon verschwinden. Aber das passierte natürlich nicht. Stattdessen hatten mich all die unverarbeiteten Gefühle schließlich eingeholt.

Der Arzt unterbrach meine Gedanken. Er fragte, ob ich schon früher mal eine solche Panikattacke erlebt hatte. Jenn erzählte ihm von den Erfahrungen aus meiner Kindheit, dass es aber nicht so schlimm wie jetzt gewesen sei. Der Arzt hörte zu und nickte. Er wandte sich an mich und hakte konkreter nach. Ich erzählte ihm von meiner Kindheit, sagte aber, dass sich das, was ich jetzt erlebte, anders anfühlte. In meiner Kindheit war die Panik eine Art geistlicher Kampf gewesen, aber das, was ich jetzt durchmachte, war eher körperlicher Natur. Ich wusste nicht, ob er mich verstand, ob er den Unterschied zwischen beidem begriff, aber da ich unter Beruhigungsmitteln stand, war mir das auch gleichgültig. Deshalb nahm ich kein Blatt vor den Mund.

Der Arzt diagnostizierte eine schwere Panikattacke, ja, einen Nervenzusammenbruch. Die Kurzatmigkeit, das Herzrasen, die Überempfindlichkeit – das waren die üblichen Symptome einer Panikattacke. Mein Körper gab mir zu verstehen, dass ich es übertrieben hatte. „Irgendetwas musste dem Druck nachgeben", erklärte er, „und am Ende waren das Sie." Er teilte mir mit, dass ich noch ein paar Stunden zur Beobachtung im Krankenhaus bleiben solle, aber am Abend könnte ich nach Hause fahren.

Mit diesen Worten verschwand er auf dem Flur der Notaufnahme. Jenn hielt meine Hand, während ich die Augen schloss. Ich war so müde, so erschöpft.

„Du wirst wieder gesund werden", tröstete sie mich. „Gemeinsam werden wir einen Weg finden. Wir schaffen das."

Ich erkundigte mich, wie es den Kindern gehe. Sie sagte, dass sie wirklich erschrocken seien, aber es gehe ihnen gut. Sie hatte die Kinder bei meinen Eltern gelassen, aber diese würden sie ins Krankenhaus bringen, nachdem sie sich ein wenig beruhigt hatten. Wie aufs Stichwort wurde in diesem Moment der Vorhang zur Seite geschoben und Haley, Téa, Braden und meine Eltern traten an mein Bett. Ich kann mich nicht mehr daran erinnern, was ich gesagt habe, falls ich überhaupt etwas gesagt habe. Ich erinnere mich nicht an viel, aber ich weiß noch, dass sie da waren, und irgendwie war das genug.

Ich schaute Jenn an und erinnerte mich an meinen letzten Durchbruch, den ich vor vielen Jahren kurz vor unserer Hochzeit erlebt hatte. Wir hatten damals gedacht, es wäre vorbei, wir hatten gedacht, dass sich die Panik aus meinem Leben verabschiedet hätte. Aber aus irgendeinem Grund befand ich mich wieder in einer solchen Situation und mir tat Jenn leid. Wenn man sich vor dem Traualtar verspricht, in guten wie in schlechten Zeiten, in Gesundheit und in Krankheit zueinander zu stehen, meint man das ernst. Aber jetzt war Jenn mitten in die allerschlechtesten Zeiten hineingeworfen worden.

*

Ich erinnere mich an die erste Zeit, in der ich bei *Bethel* Lobpreis leitete. Es war aufregend. Gott tat unglaubliche Dinge. Eines Sonntags trat ich auf die Bühne, um beim Abendgottesdienst den Lobpreis zu leiten. Als ich mich zu der Gemeinde umdrehte, sah ich sie. Sie stand in der Nähe des Mittelgangs. Sie trug abgeschnittene Jeansshorts und ein rotes T-Shirt. Ich erkannte sie sofort.

Jenn Rock.

Jenn war so alt wie meine jüngere Schwester. Sie wohnte an der Küste, einige Stunden von Redding entfernt, war aber schon seit der 6. Klasse mit Leah befreundet. Aber Jenn war jetzt keine Sechstklässlerin mehr. Sie war 17 und hatte die Highschool vorzeitig abgeschlossen. Zwischen dem Mädchen, das ich als Freundin meiner kleinen Schwester gekannt hatte, und der jungen Frau, die an diesem Abend im Gottesdienst stand, war ein himmelweiter Unterschied.

Als ich sie erblickte, war es vorbei mit meiner Konzentration. Die Leitung des Lobpreises rückte schlagartig in den Hintergrund. Ich dachte nur noch an eines: Wie konnte ich sie beeindrucken? Ich hoffte, dass es der beste Lobpreis wäre, den ich je geleitet hatte, und dass ich beim Gitarrespielen besonders gesegnet wirkte. Ich schaute immer wieder in ihre Richtung, aber unsere Blicke begegneten sich nie. Sie konzentrierte sich auf den Lobpreis und schien mich überhaupt nicht zu bemerken.

Ich bemühte mich, den Anbetungsteil zu Ende zu führen, ohne mich ablenken zu lassen, aber als ich von der Bühne trat, ging ich direkt zu Gabe, den Keyboardspieler, der später meine Schwester heiraten würde. Er war damals berühmt-berüchtigt dafür, dass er Paare zusammenbrachte. Ich bat ihn, irgendwie dafür zu sorgen, dass ich mich mit Jenn unterhalten konnte. Er versprach, es zu arrangieren.

Noch am selben Abend sprach ich mit Leah, da ich hoffte, von ihr mehr über Jenn zu erfahren. Sie erzählte, Jenn und ihre Familie seien erst vor Kurzem aus Humboldt County, Kalifornien, nach Redding gezogen. Sie hatten alles verkauft, damit Jenn und ihre Eltern die *Bethel School of Supernatural Ministry* besuchen konnten. Jetzt, da Jenn in Redding wohnte, verbrachten sie und Leah viel Zeit miteinander. Wenn ich wollte, könnte Leah dafür sorgen, dass wir uns treffen würden. Ich lächelte und sagte, dass ich sie nicht daran hindern würde.

Am nächsten Tag ging ich ins Gemeindebüro und sah, dass Gabe sich in einem der Räume aufhielt und mit Jenn sprach. An jedem anderen Tag wäre ich einfach weitergegangen, aber an diesem Tag machte ich einen Umweg und ging zu den beiden. Sie war nett und freundlich, aber sie zeigte keinerlei Interesse. Obwohl sie mir Jahre später gestand, dass sie seit ihrem zwölften Lebensjahr in mich verknallt gewesen sei, hätte ich das damals unmöglich merken können. Sie gab sich unnahbar. Wenn ich eine Beziehung mit Jenn eingehen wollte, musste ich mich dafür mächtig ins Zeug legen.

Einige von uns gingen damals nach den Gottesdiensten zu *Denny's* oder ins *Black Bear Diner*, die einzigen Lokale, die in Redding noch geöffnet hatten, wenn unsere Gemeindeveranstaltungen abends zu Ende waren. Ich war eher der introvertierte Typ und hatte keine Lust, nach dem Gottesdienst mit den anderen wegzugehen, aber ich wollte einfach Zeit in Jenns Nähe verbringen. Also ging ich immer mit und sorgte dafür, dass ich neben ihr saß. So ging das zwei Monate lang. Sie schenkte mir genug Aufmerksamkeit, um mich bei der Stange zu halten, aber zu wenig, als dass ich gewusst hätte, ob sie an mehr als nur Freundschaft interessiert war.

Obwohl sie anscheinend an jeder Veranstaltung und jedem Gottesdienst teilnahm, bei dem ich auch war, verließ sie oft einen Raum, wenn ich ihn betrat. Aber mit der Zeit durchschaute ich sie. Ich erkannte, dass sie mich mochte, es mir aber nicht zu leicht machen wollte. Ich hatte so etwas nie zuvor erlebt. Und es gefiel mir.

Als der Sommer vorüber war, hatten wir immer noch keine Zeit allein zu zweit verbracht, aber unsere Gruppe wurde immer kleiner. Schließlich verbrachten nur noch vier von uns viele Stunden miteinander – ein Freund von mir, ich, Jenn und eine Freundin von ihr. Obwohl ich alles tat, um die Gruppe auf zwei Personen zu reduzieren – nämlich Jenn und mich –, war es nahezu unmöglich, dieses Mädchen allein zu erwischen. Und selbst wenn sie eingewilligt hätte, Zeit allein mit mir zu verbringen, hätte mein Kumpel dem einen Riegel vorgeschoben.

Eines Donnerstagabends brachten wir die Mädchen zu Jenn nach Hause und fuhren dann zum Gemeindezentrum zurück, wo mein Auto stand. Aus heiterem Himmel drehte sich mein Freund zu mir herum und verkündete, dass Jenn mich nicht mögen würde. Im Gegenteil, Jenn würde *ihn* mögen, sagte er. Dann „erklärte" er mir die Situation: „Jenn gehört zu den Mädchen, denen man Zeit lassen muss", sagte er. Daraufhin breitete er seinen detaillierten Schlachtplan vor mir aus, wie er sie für sich gewinnen wollte. Ich hörte ihm kommentarlos zu, obwohl ich mich sehr anstrengen musste, nicht loszulachen. Als er geendet hatte, waren wir an der Gemeinde angekommen und er ließ mich bei meinem Auto aussteigen. Ich traf eine Entscheidung: Ich würde auf keinen Fall tatenlos zusehen, wie dieser Blödmann versuchte, Jenn für sich zu erobern. Es wurde Zeit, ihr zu sagen, was ich für sie empfand.

Als ich am nächsten Tag in der Gemeinde war, sah ich, wie Jenn aus der Gebetskapelle kam. Allein. Das war meine Chance. Ich ging zu ihr und fragte, ob wir uns in meinem Büro unterhalten könnten. Sie willigte ein, folgte mir ins Büro, und wir setzten uns. Ich sagte ihr all die Dinge, die man eigentlich lieber nicht sagen sollte: Ich sagte ihr, dass ich sie mögen würde und dass sie all die Eigenschaften habe, die ich mir von einer Ehefrau wünschte. Ich war ganz offen und setzte alles auf eine Karte. Zu meiner Überraschung erwiderte sie, dass sie gerade im Gebetsraum gewesen sei und Gott gebeten habe, ihr entweder ihre Gefühle für mich zu nehmen oder ihr zu zeigen, dass wir heiraten sollten. Wir schauten uns an und lachten. „Dann sind wir also zusammen?", fragte ich. Ja, ab diesem Moment waren wir zusammen. Es mag überstürzt erscheinen und ich würde das den meisten bestimmt nicht empfehlen, aber für uns war es das Richtige. Und wir haben es bis heute kein einziges Mal bereut.

Und wir verloren keine Zeit. Zwei Tage später war es klar: Wir würden heiraten. Ja, wenn ich heute zurückblicke, ist mir schon bewusst, dass das vielleicht etwas überstürzt war, aber damals kam uns das überhaupt nicht schnell vor. In unseren Augen war es einfach die richtige Entscheidung.

Als wir vier Tage zusammen waren, sprach ich mit meinem Vater. Ich erzählte ihm, dass Jenn die Frau fürs Leben sei und dass ich sie heiraten wolle. Ich fragte ihn, was er davon hielte. Meine Eltern kannten Jenn, seit sie ein kleines Mädchen gewesen war. Und sie mochten sie. Er schaute mich lächelnd an und sagte: „Brian, sie ist die Richtige. Heirate dieses Mädchen." Damit hatte ich seinen Segen.

An diesem Abend leiteten wir zum ersten Mal gemeinsam den Lobpreis. Und wir fühlten uns dabei unbeschreiblich gut. Nach dem Gottesdienst sprachen wir darüber. Wir wussten, dass wir dazu geschaffen waren, dies gemeinsam zu machen. Nach dem Gottesdienst fuhren wir zu meinen Eltern. Wir saßen zusammen im Wohnzimmer, als eine enge Freundin der Familie vorbeikam. Sie hatte Anfang der Woche mit meiner Mutter telefoniert und sich erkundigt, ob ich eine Freundin hätte. Meine Mutter hatte gelacht und gesagt: „Ja, hat er!" Ich schätze, damit hatte sie eine Vermutung bestätigt, denn jetzt stand diese Frau in der Tür und fragte, ob sie mit Jenn und mir sprechen könne.

Gott hatte ihr einen Eindruck für uns geschenkt, und sie wollte wissen, ob wir damit einverstanden waren, dass sie uns davon erzählte und für uns betete. Meine Eltern nahmen das Gebet auf Kassette auf. Sie prophezeite, dass wir zur Anbetung berufen seien. Wir würden Lieder für die Gemeinde schreiben und eine weltweite Anbetungsbewegung in Gang setzen. Sie fuhr fort, sie habe gesehen, dass Gott uns mit der

Geschwindigkeit eines Wirbelwinds zusammenfüge, aber weil wir innerlich darüber Frieden hatten, wüssten wir, dass Gott es war, der uns alles schenkte. Nachdem sie uns diese Botschaft ausgerichtet hatte, betete sie für uns. Jeder im Raum konnte die Gegenwart Gottes spüren. Es war der erste Eindruck, der uns als Paar erreichte, und dass Gott sich uns spürbar zeigte, war für uns das Zeichen, dass er hinter dieser Botschaft stand. Es war unglaublich.

Nachdem Jenn und ich fünf Tage zusammen waren, lud ich Jenns Eltern, Ron und Sandra Rock, zum Essen ein. Wir gingen in ein Steakhouse – ein nettes Restaurant für einen 20-Jährigen, der kein Geld hatte. Ich setzte mich gegenüber von Jenns Eltern. Weil ich sie kaum kannte, war ich sehr unsicher und kam deshalb gleich zur Sache. Ich bat sie um ihre Erlaubnis, Jenn zu heiraten. Dieser Moment war sowieso schon unangenehm, aber er wurde noch unangenehmer, da die Kellnerin ausgerechnet in dem Augenblick an den Tisch trat, als ich diese Frage stellte. Sie legte zwei kleine Brotlaibe auf den Tisch, nahm unsere Getränkebestellung auf und ging wieder zur Theke zurück, ohne zu ahnen, dass sie mich gerade bei der wichtigsten Frage meines Lebens gestört hatte. Ich wartete darauf, dass Jenns Eltern irgendwie reagierten, aber sie beantworteten meine Frage nicht. Stattdessen forderte Ron mich auf, ihm zu sagen, was ich an seiner Tochter mochte. Alles, was ich an ihr mochte.

War das sein Ernst?

Wie sollte ich diese Frage beantworten? Ich konnte nicht einmal klar denken, weil ich so nervös war. Ich erinnere mich nicht mehr, was ich gesagt habe, aber an eines erinnere ich mich genau: Meine Hände waren schweißnass, mein Magen zog sich zusammen, und ich aß innerhalb weniger Minuten beide Brotlaibe auf. Was auch immer ich gesagt habe, es muss Ron überzeugt haben, denn er begann zu lachen. Dann gab er mir seine Erlaubnis, obwohl wir erst seit wenigen Tagen zusammen waren.

Nach sechs Tagen ging ich zu meiner Mutter. Ich gestand ihr, dass ich ein wenig Geld gespart hatte, dass es aber nicht genug war, um Jenn einen Ring zu kaufen. Sie gab mir den Rest, und ich ging in ein Schmuckgeschäft. Dort fand ich den perfekten Ring, einen schlichten Goldring mit einem Diamanten. Er kostete nur 700 Dollar und war nichts Besonderes, aber er genügte. Nein, er war perfekt.

Nun hatte ich einen Ring und einen Plan. Am darauffolgenden Sonntagabend leitete Jenn gemeinsam mit mir den Lobpreis. Ich trat ans Mikrofon, sprach ein kurzes Gebet und schloss es mit „Amen“ ab. Dann drehte ich mich zu Jenn herum und sagte: „Ach, und noch etwas: Willst du mich heiraten?“ Die Anwesenden brachen in Begeisterungsstürme aus. Jenn hatte das nicht kommen sehen! Sie nickte und trat auf mich zu. Ich steckte den Ring an ihren Finger und wieder jubelten alle.

Wir beteten und sprachen mit unseren Eltern darüber, wann wir heiraten wollten. Wir waren uns einig, dass die Frühjahrsferien perfekt dafür wären, was in sieben Monaten war. Kurz danach begann mein zweites Studienjahr an der *School of Ministry* und Jenn begann mit ihrem ersten Studienjahr.

Während unserer Verlobung verbrachten wir die meiste Zeit mit unserem Studium, auf Reisen, bei Straßeneinsätzen und mit Lobpreis, den wir gemeinsam leiteten.

Jeder, der Jenn singen hört, merkt sofort, dass sie eine ganz besondere Begabung hat. In ihrer Stimme liegt eine Vollmacht, und sie besitzt die Fähigkeit, in spontane Anbetung überzugehen. Es kam in dieser Zeit immer wieder vor, dass Menschen nach dem Lobpreis mit prophetischen Eindrücken zu uns kamen. Diese Botschaften ähnelten immer der, die wir auch vor unserer Verlobung bekommen hatten.

Obwohl es eine gute Zeit für uns beide war, litt ich immer noch unter Angstattacken. Ich verbarg diese Probleme nicht vor Jenn, und so überlegte sie nicht lange, wenn sie auftraten, sondern half mir zu beten, bis sie vorüber waren. Sie stand in jeder Hinsicht zu mir.

Einige Wochen vor unserer Hochzeit bestieg ich mit meiner Mutter ein kleines Flugzeug. Ich wollte nach Los Angeles fliegen, um dort den Lobpreis zu leiten. Es war nur ein einstündiger Flug, und ich hatte seit Monaten keine Panikattacke mehr gehabt, war aber dennoch in den Wochen vor dieser Reise immer nervöser geworden, weil ich wusste, dass ich in ein kleines Flugzeug steigen musste. Als ich das Flugzeug betrat, kam es mir schlagartig so vor, als würden die Wände näher rücken. Aber ich redete mir ein, dass ich es schon schaffen würde.

Ich ging den Mittelgang entlang und blickte aus dem Fenster. Dabei fiel mir auf, dass wir uns nicht in einem Jet befanden, sondern in einer Propellermaschine, was irgendwie die Klaustrophobie noch verstärkte. Während ich durch diesen sehr langen Gang zu unseren Plätzen ging, die sich ganz hinten im Flugzeug befanden, fühlte ich wie schon so oft zuvor, dass sich die Luft veränderte.

Als wir unsere Reihe erreichten, setzte sich meine Mutter ans Fenster.

Ich nahm den Platz am Gang.

Und ich spürte, wie der Druck um mich herum immer stärker wurde.

Die Stewardess ging nach vorn und schloss die Tür, während die Propeller anfingen, sich zu drehen. Die Last auf meiner Brust schien mich fast zu erdrücken. Die Panik wuchs, als das Flugzeug zur Startbahn rollte. Wir wurden immer schneller und der Druck in der Kabine nahm zu. Als wir vom Boden abhoben, umklammerte ich die Armlehnen. Ab jetzt wäre ich eine Stunde in diesem Flugzeug gefangen. Nervös schaukelte ich vor und zurück und versuchte, nicht auszurasten, während wir immer höher stiegen und die Flughöhe von gut 6000 Metern erreichten.

Mit angstgeweiteten Augen beugte ich mich zu meiner Mutter hinüber und gestand ihr, dass ich eine Panikattacke hatte. Ich brauchte nicht viel zu sagen. Sie hatte diesen panischen Ausdruck schon früher bei mir gesehen. Deshalb reichte sie mir ihre Bibel und schlug sie bei Psalm 91 auf. Ich kannte diesen Psalm, aber ich wusste auch, dass ich etwas anderes brauchte. Ich brauchte einen Lobpreispsalm, um diese Panikattacke zu bezwingen. Ich blätterte zu Psalm 150 und begann, ihn laut zu lesen.

Halleluja – lobt den Herrn!
Lobt Gott in seinem Heiligtum,
lobt ihn, den Mächtigen im Himmel!
Lobt ihn für seine gewaltigen Taten,
lobt ihn, denn seine Größe ist unermesslich!
Lobt ihn mit Posaunen,
lobt ihn mit Harfe und Laute!
Lobt ihn mit Tamburin und Tanz,
lobt ihn mit Saitenspiel und Flötenklang!
Lobt ihn mit Zimbelschall,
lobt ihn mit Paukenschlag!
Alles, was lebt, lobe den Herrn!
Lobt den Herrn. Halleluja!

Ich las diesen Psalm immer wieder, aber das genügte nicht. Die Panik wuchs und wurde immer stärker. Deshalb begann ich, leise zu singen. Ich sang die Worte dieses Psalms zu einer erfundenen Melodie. Ich sang sie immer wieder. Die Leute warfen mir schon schiefe Blicke zu, aber das war mir egal. Ich sang weiter.

Nichts schien sich zu verändern. Ich hatte noch nie eine solche Panikattacke erlebt, schon gar nicht in der Öffentlichkeit. Ich sang mit mehr Intensität, und wenn die Frau, die rechts neben mir saß, vorher schon gedacht hatte, ich wäre verrückt, war sie jetzt wahrscheinlich endgültig davon überzeugt. Ich machte trotzdem weiter. Zehn Minuten vergingen, dann zwanzig. Ich hielt es kaum noch aus. Ich hatte das Gefühl, gleich das Bewusstsein zu verlieren. Vielleicht wäre das sogar gut gewesen, wenn ich dadurch von dieser Qual befreit worden wäre.

Dreißig Minuten lang sang ich diesen Psalm mit einer Mischung aus Verzweiflung und Glauben und kämpfte um Frieden. Plötzlich verschwanden die Angst und die Panik von einem Moment auf den anderen. Sie waren fort. Der Druck war verschwunden und ich war innerlich ganz ruhig. Da hörte ich eine Zusage von Gott, die direkt in meine Seele hineinsprach:

Ich habe dir die Schlüssel zur Freiheit gegeben, und du wirst diese Freiheit den Menschen bringen, die in einer ähnlichen Angst gefangen sind.

Die Stimme war nicht hörbar. Sie war eher ein Wissen tief in mir. Ich war mir ganz sicher, dass sie von Gott kam. In diesem Moment wusste ich, dass ich am Ende eines 15 Jahre dauernden Kapitels meines Lebens angelangt war. Ich würde nie wieder solche Qualen erleiden.

Und tatsächlich: Nach dieser Erfahrung hatte ich nie wieder eine Panikattacke. Zumindest nicht, bis ich 15 Jahre später in einem Bett in der Notaufnahme landete. Aber ich wusste, wenn wir uns in den Momenten unseres größten Kampfes und schlimmster Schmerzen dafür entscheiden, Gott zu loben, dann geschieht etwas Entscheidendes. Das hatte ich am eigenen Leib erfahren.

08

Leben in der Matrix

Es gibt Zeiten, in denen man seine Kinder von Problemen abschirmt und sie beschützt, aber ich wusste, dass dies keine solche Zeit war. Meine Kinder erlebten mit, wie ich durch die Panikattacke in ein tiefes Loch fiel. Sie sahen, wie ich im Krankenhaus lag, sie sahen, dass ich von den Medikamenten völlig benommen und betäubt war. Sie sahen, wie schlecht es mir ging. Gleichzeitig war ich mir aber auch bewusst, dass es sie mehr belasten würde, wenn ich versuchte, die Probleme vor ihnen geheim zu halten. Sie sollten meine Verzweiflung sehen, damit sie auch sahen, wie treu und zuverlässig Gott ist.

Die Kinder standen schweigend um mein Bett und starrten mich an. Irgendwann tauchte auch der Arzt wieder auf und sagte, dass ich es ruhiger angehen lassen müsse und eine Pause bräuchte. Um diese Panik zu überwinden, bräuchte ich professionelle Hilfe. Er reichte Jenn einen Zettel, erklärte ihr, dass das ein Rezept für ein Beruhigungsmittel sei, das mir helfen würde, diese Panikattacke zu überwinden und während des Heilungsprozesses meine Emotionen in den Griff zu bekommen.

„Es ist das Medikament, das er auch im Moment intravenös bekommt“, erklärte er.

Ich hielt Jenns Hand, als sie mich durch den Wartebereich und dann durch die Doppeltür aus dem Krankenhaus zu unserem Wagen führte. Das beklemmende Gefühl und die Panik waren fast verschwunden. Es war zwar nicht der gleiche Friede, den ich als Kind erlebt hatte, sondern nur das medikamentöse Pendant dazu, aber das war mir in diesem Augenblick gleichgültig. Dieses Medikament war für mich wie ein Wunder. Sobald ich zu Hause angekommen war, schlief ich ein. Ich schlief die ganze Nacht durch.

Am nächsten Morgen erwachte ich in einer neuen Realität. Die Angst war wieder da, wenn auch nicht so erdrückend. Mein Verstand fühlte sich zerbrechlich an. Ich war angespannt und befürchtete, jeden Moment so zusammenzubrechen wie am Vortag. Ich quälte mich aus dem Bett, schleppte mich in die Küche und schluckte meine Morgenpille. Dann beugte ich mich über die Arbeitsplatte und wartete darauf, dass die Tablette wirken würde. Ich war dankbar, dass ich an diesem Tag keine Termine hatte. Wir hatten gerade unser zweiwöchiges Anbetungsseminar mit Teilnehmern aus der ganzen Welt abgeschlossen und deshalb hatten Jenn und ich bereits für die kommende Woche Urlaub eingeplant. Wir hatten vorgehabt, diese Zeit zu nutzen, um uns nach den anstrengenden Wochen auszuruhen und Zeit für unsere Kinder zu haben. Wir hatten nicht geahnt, dass ich diese Zeit brauchen würde, um mich von einem Zusammenbruch zu erholen.

Jenn kam in die Küche, um nach mir zu sehen. Sie hatte in der Praxis unseres Hausarztes angerufen und wir hatten in einer Stunde einen Termin. Die Beruhigungsmittel wirkten endlich und mein Atem beruhigte sich. Ich ging ins Schlafzimmer und zog mich an. Dann fuhren wir in die Praxis des Arztes.

Ich schilderte ihm, was passiert war. Er riet mir, eine Therapie in Betracht zu ziehen, und erklärte, dass ich mein Leben ändern müsse. Ich sollte mein Lebenstempo reduzieren, mir eine Weile freinehmen und darüber nachdenken, was ich streichen könne. Darüber hinaus legte er mir nahe, nach Möglichkeit auf Zucker, Koffein und andere Lebensmittel zu verzichten, die die Anspannung in meinem Körper verstärken könnten.

„Sie müssen alles in Ihrer Macht Stehende tun, um für Ruhe und Frieden in Ihrem Leben zu sorgen", sagte er. Jenn erzählte ihm, dass wir zwei Wochen Urlaub hätten. Er lächelte und meinte, das sei ein guter Anfang. Aber er warnte mich, dass ich mich darauf einstellen müsse, dass ich länger als zwei Wochen brauchen würde.

In dieser ersten Woche ruhte ich mich nur aus. Ich verließ das Haus nicht. Ich verbrachte meine Zeit auf dem Sofa oder im Bett. Den Computer schaltete ich nicht einmal ein. Tag und Nacht ließ ich Lobpreismusik laufen. Vor diesen Problemen hatte ich mit meinem Freund Jason Ingram – der einer der genialsten Songwriter unserer Zeit ist – ein Lied geschrieben. Ich spielte dieses Lied, „Greater Than All Other Names", immer wieder. Es war eine einfache Aufnahme, eine Demoversion, bei der Jason sang und auf einem alten Klavier spielte.

Your love outlasts the deepest pain. Your arms still reach the furthest place. Your light still shines to light up the darkest night. Though waters rise beyond the shore. Though mountains fall, still I am yours. Your name is still great. Much greater than all other names.
You are more than enough. You are mighty to save. You are all that you said you would be. You have already won. You laid death in the grave. Through the power of the cross I am free.

Diese schlichte Aufnahme hatte etwas Besonderes. Ich ließ sie in einer Dauerschleife immer wieder ablaufen und sie brachte mir Frieden.

*

Ich schlief fast 15 Stunden am Tag und war vollkommen kraftlos. Wenn ich wach war, wusste ich genau, wann ich die nächste Tablette nehmen musste. Wenn die Medikamente zu wirken begannen, entspannte sich alles, und mein Körper beruhigte sich. Durch die Medikamente kam es mir so vor, als würde ich mich wellenartig auf- und abbewegen. In den Tälern zitterte ich am ganzen Körper, aber mithilfe der nächsten Tablette konnte ich wieder einige Stunden überstehen. In der ersten Woche lag ich wie benommen auf dem Sofa. Als die zweite Woche anbrach, nahm ich meine Umgebung allmählich wieder wahr, und mir wurde klar: Selbst mit den Medikamenten konnte ich nicht länger so denken wie früher. Mein Hirn schien ganz normale Situationen auf völlig neue Weise wahrzunehmen.

Ich schaute aus dem Fenster in unseren Garten hinaus. Der Mann vom Gartenservice war hier gewesen und hatte den Rasen gemäht, aber eine Stelle hatte er übersehen. Ich konnte den Blick nicht von diesem Fleck abwenden. Die ungemähte Stelle trieb mich fast in den Wahnsinn. Ich musste es sofort korrigieren. Die „Unordnung“ war schier unerträglich für mich.

Ich blickte in die Küche. Sie war größtenteils sauber, aber jemand hatte ein Glas stehen gelassen. Warum störte mich das so sehr?

Ich verspürte neuerdings einen sonderbaren Zwang zur Perfektion und der kleinste Fehler oder die kleinste Nachlässigkeit wurden in meinem Kopf zu einem riesengroßen Problem. Aber mich störte nicht nur Unordnung. Die Stimmen der Kinder, wenn sie spielten, der Rasenmäher, Baustellenlärm – alle

Geräusche waren mir zu viel. Wenn ich das Haus verließ, trug ich normalerweise Ohrenstöpsel, um den Lärm auszublenden. Alles kam mir irgendwie chaotisch vor. Und wenn ich Chaos sah, meldete sich meine Panik.

Die zweite Woche verging. Obwohl mein Zustand noch lange nicht wieder normal war, wollte ich wieder arbeiten. Jenn hielt das für keine gute Idee. Sie bat mich, mir länger freizunehmen, weil sie wusste, dass ich noch nicht fit war. Ich entgegnete, dass ich nicht länger fehlen könne; unser Terminkalender war berstend voll. Ich verpasste Meetings, und Jenn und ich mussten anstehende Veranstaltungen und Reisen planen. Bei *Bethel Music* waren unheimlich viele Lieder in Produktion und Postproduktion. Es gab so viel zu tun.

„Ich lasse es langsam angehen", versprach ich. „Ich werde es schon nicht übertreiben. Ich schaffe das."

Jenn hörte mir zu. Sie ließ mich aussprechen und hielt mir entgegen, ob ich das wirklich für die beste Idee hielte. Langsam schüttelte sie den Kopf. „Du versprichst immer, dass alles gut werden wird, Brian", sagte sie, da sie wusste, wie es bisher gelaufen war, „aber sobald du wieder arbeitest, lässt dich die Arbeit nicht mehr los."

Ich hätte auf sie hören sollen.

Ich tat es nicht.

Am nächsten Tag war ich im Büro und bemühte mich nach Kräften, alles ruhig angehen zu lassen. Aber schon mittags fühlte ich mich völlig erdrückt. Ich musste all meine Energie aufbieten, um die anstehenden Aufgaben zu bewältigen, und selbst die kleinsten Dinge verlangten meine ganze Konzentration. Entscheidungen, die ich vorher schnell getroffen hatte, erforderten jetzt meine ganze Aufmerksamkeit. Selbst ein Gespräch mit einem Musiker über etwas, das so banal war, dass ich mich nicht einmal daran erinnern kann, kam mir wie eine riesige

Meinungsverschiedenheit vor. Vor meinem Zusammenbruch hatte ich mit solchen Dingen irgendwie umgehen können, aber jetzt nicht mehr.

Es gab zwar einige kleinere Probleme, aber jetzt kamen sie mir riesengroß vor. Ich konnte einfach nicht mehr zwischen großen und kleinen Problemen unterscheiden. Etwas war eindeutig anders und ich lebte in einer völlig neuen Wirklichkeit.

Wenn ich nach der Arbeit nach Hause kam, war ich mit der normalen Hektik eines Familienlebens mit drei Kindern konfrontiert. Meistens waren es sogar mehr als drei Kinder, da immer irgendwelche Freunde bei uns waren. Am Haus gab es viel zu tun, und ich wollte Zeit mit den Kindern und mit Jenn verbringen, aber mir war alles zu viel. Mein ganz normales Leben erdrückte mich jetzt. Wenn die Kinder laut wurden, verließ ich einfach das Haus und ging spazieren, und Jenn war gezwungen, sowohl die Mutter- als auch die Vaterrolle zu übernehmen.

Die Wochen vergingen. Ich hielt meine Termine ein und nahm regelmäßig meine Medikamente. Ich tat alles, damit die Panik nicht zurückkehrte, aber sie war immer irgendwie präsent; ich fühlte, dass sie überall lauerte. Um mit meiner Panik fertigzuwerden, musste ich meine ganze Kraft und meine ganze emotionale Energie aufbieten. Obwohl es nichts gab, das mir so wichtig war wie Jenn und die Kinder, war ich nicht in der Lage, mir darüber Gedanken zu machen, was sie brauchten. Ich war völlig erschöpft.

Rückblickend kann ich erkennen, dass es in dieser Phase nur darum ging, meine Panik in den Griff zu bekommen. Ich nahm meine Medikamente, und wenn die Panik mich nicht lahmlegte, war es ein guter Tag. Im ersten Monat wirkten die Medikamente auch. Allerdings war mir damals noch nicht bewusst, dass sie nur eine Krücke waren. Sie halfen mir zu überleben. Eine Weile trugen sie auch dazu bei, dass ich mich besser fühlte. Aber im Laufe der Zeit musste ich immer mehr Kraft aufwenden, um meinen täglichen Stress in den Griff zu bekommen. Als ich versuchte, in mein normales Leben zurückzukehren, war ich damit überfordert.

Erst später fand ich heraus, dass diese Medikamente Panik und Angst verstärken können, wenn man sie über einen längeren Zeitraum einnimmt. Um die Angst wirklich loszuwerden, muss man die zugrundeliegenden Ursachen angehen. Aber ich wusste nicht, was die zugrundeliegenden Ursachen waren und wie sie sich auf mich auswirkten.

*

Ungefähr sechs Wochen nach meinem Zusammenbruch lud meine Tochter Téa einige Freundinnen zum Zelten ein. Ich war im Garten und stellte zwei Zelte auf, weil ich wusste, wie schwer die Situation in den vergangenen Monaten für meine Kinder gewesen war, und wollte, dass Téa etwas unternahm, das ihr Spaß machte. Sie freute sich so sehr darauf, ihre Freundinnen einzuladen, und ich wollte ihnen einen schönen Abend ermöglichen. Meine Tochter hatte sich in den beiden Monaten so wunderbar verhalten. Sie ist eine echte Stimmungskanone und konnte deshalb ein wenig Spaß mit ihren Freundinnen gebrauchen.

Als die Mädchen eingetroffen waren, unterhielten sie sich und lachten, wie Mädchen es eben so tun. Aber ich konnte spüren, wie sich der Druck in mir aufbaute. Ich zündete ein Lagerfeuer an, damit die Mädchen S'mores* machen konnten. Während ich am Feuer saß, wurde der Druck immer stärker. Jenn saß neben mir und erkundigte sich, ob mit mir alles in Ordnung sei.

* Über dem Lagerfeuer gegrillte Marshmellows und Schokostückchen mit Keksen.

„Es geht wieder los“, antwortete ich, aber genau erklären konnte ich es ihr nicht.

Ich stellte die Wirklichkeit meiner Welt infrage und quälte mich damit herum, dass mein gesamtes Leben irgendwie unecht wäre, dass ich mich in einer Matrix-ähnlichen Wirklichkeit befände und irgendwann aufwachen und erkennen würde, dass alles, was ich für wahr gehalten hatte, eine Lüge sei. Solche Zweifel hatte ich nie zuvor gehabt. Deshalb wiederholte ich die Wahrheit immer wieder im Geiste:

Die Welt ist real,
dieser Moment ist real,
Gott ist real,
er ist gut,
ich bin gesund,
ich verliere nicht den Verstand.

Doch es fühlte sich an, als würde mein Verstand in ein schwarzes Loch des Wahnsinns abgleiten. Die Last des Zweifels und der Hoffnungslosigkeit war unvorstellbar erdrückend.

Die Mädchen lachten und plapperten weiter, ohne etwas von meinem inneren Kampf mitzubekommen. Und obwohl ich wusste, dass diese Gedanken nicht wahr waren, konnte ich sie nicht verdrängen. In diesem Moment wusste ich nicht, was ich glauben sollte.

Der Druck legte sich immer schwerer auf meine Brust. Ich atmete tief ein. Es kam mir so vor, als könnte ich meinen Kopf nicht länger über Wasser halten. Ich beugte mich zu Jenn hinüber. „Ich habe das Gefühl durchzudrehen“, gestand ich. Sie ließ mich nicht weiterreden, sondern forderte mich auf, ihr in die Augen zu schauen. Immer wieder sagte sie zu mir: „Du wirst wieder gesund. Du wirst wieder gesund.“ Ihre Worte halfen mir, zumindest ein kleines bisschen Gespür für die Realität zu bekommen, an das ich mich klammern konnte.

Ich ging ins Haus, um meine Medikamente zu nehmen. Weil ich aber völlig verzweifelt war, nahm ich mehr als nur eine Tablette. Ich nahm eine zweite, da ich hoffte, dadurch sofortige Linderung zu erfahren. Nach 20 Minuten stellte sich die geistige Taubheit endlich ein, woraufhin ich mir einredete, dass es mir allmählich besser ginge, auch wenn ich diesmal noch eine weitere Tablette brauchte, um die Panik zu vertreiben.

*

Es war Oktober, zwei Monate nach meinem Zusammenbruch. Ich saß in einem Meeting von *Bethel Music*. Jemand hatte einen Fehler gemacht, und zwar einen großen Fehler. Das Team war frustriert. Sie diskutierten und suchten nach einer Lösung. Es gab viele Meinungen und große Meinungsverschiedenheiten darüber, wie wir weitermachen sollten. Ich fühlte, wie es in meiner Brust zu brennen begann. Wenn ich dieses Gefühl ignorierte, würde die Panikattacke vielleicht ausbleiben. Immerhin war es noch nicht lange her, seit ich meine letzte Tablette genommen hatte. Eigentlich sollte ich klarkommen. Ich drückte die Hand auf meine Brust und versuchte, bewusst und tiefer zu atmen.

Während die Anspannung im Raum wuchs, wuchs auch meine Panik. Ich saß da, solange ich konnte, aber irgendwann hielt ich es nicht länger aus. Ich verspürte den überwältigenden Wunsch zu flüchten. Ich wollte einfach nur meine Ruhe haben.

Wortlos stand ich auf, ging zur Tür und versuchte, den Raum so schnell wie möglich zu verlassen. Ich lief zu meinem Auto. Es ging schon wieder los. Ich musste nach Hause. Die Panik wurde schnell größer, und ich ahnte, dass es eine schlimme Attacke war, die mich erneut ins Krankenhaus bringen könnte, wenn ich sie nicht in den Griff bekäme. Das konnte ich nicht zulassen. Ich würde alles tun, um nicht wieder in ein so tiefes Loch zu fallen.

Wenige Minuten später bog ich in unsere Einfahrt ein. Ich lief in die Küche, nahm das Tablettenfläschchen, kippte zwei Tabletten in meine Hand und griff nach der nächsten Flasche. Ich muss manchmal wegen meiner Nackenschmerzen Schmerzmittel nehmen und nahm mir auch davon eine. Dann öffnete ich den Kühlschrank, nahm ein Bier heraus und spülte die Tabletten damit hinunter.

Nichts veränderte sich. Die Panik ließ nicht nach. Also nahm ich ein zweites Bier und trank es. Ich saß am Küchentisch und wartete darauf, dass die Wirkung einsetzte.

Sollte ich lieber alles aufgeben?

Ich wäre am liebsten in ein Loch gekrochen. Ich wollte einfach nur noch meine Ruhe haben. Ich wollte mich von allem fernhalten, das Panik auslösen konnte, und in einen Zustand dauerhafter Taubheit versinken. Ich schloss die Augen. Als ich das tat, begann die Kombination von allem, was ich geschluckt hatte, endlich zu wirken. Alles entspannte sich.

Da wurde mir bewusst, was in der letzten halben Stunde tatsächlich geschehen war: Ich hatte gedacht, mir würde es besser gehen, aber es war nicht so. Ohne meine Tabletten funktionierte ich einfach nicht. Ich behandelte nur die Symptome meines Zusammenbruchs, aber dahinter verbargen sich einige Probleme, mit denen ich mich eindeutig nicht auseinandergesetzt hatte. In diesem Moment traf ich eine Entscheidung:

So soll meine Zukunft nicht aussehen.

Das, was gerade passiert ist, darf nicht wieder passieren.

Ich werde herausfinden, wo das eigentliche Problem liegt, und es anpacken.

So soll meine Zukunft nicht aussehen.

Ein geistiger Zusammenbruch kommt nicht über Nacht, aber in diesem Moment konnte ich nicht erkennen, was zu meinem Zusammenbruch geführt hatte: Im Laufe der Jahre hatte sich der Druck langsam und beständig gesteigert. Ich hatte mich so sehr auf meine Arbeit konzentriert und es so gut verstanden, meine Gefühle zu unterdrücken, dass ich das nicht mitbekommen hatte.

*

Unser erstes Ehejahr war herrlich. Jenn und ich wohnten in einem kleinen Apartment in Redding. Ich arbeitete in der Gemeinde und Jenn gab in unserer Wohnung Klavierunterricht. Wir stritten nie, nicht einmal über die Dinge, über die sich Frischverheiratete normalerweise streiten. Alles kam uns leicht vor. Wir waren so glücklich.

In diesem ersten Jahr übertrug mein Vater Jenn und mir die Leitung des Anbetungsteams der *Bethel Church*. Jenn und ich hatten eine große Vision. Wir hatten eine prophetische Botschaft nach der anderen bekommen, die uns allesamt bestätigten, wozu wir berufen waren. Wir wollten eine Brücke zwischen zwei großen Anbetungsbewegungen bauen: die Bewegung, die dafür bekannt war, die Lieder zu schreiben, die in der weltweiten Gemeinde gesungen wurden, und die Gruppe, die für ihre prophetische Anbetung bekannt war. Wir wollten eine starke Anbetungsgemeinschaft sein – wir wollten nicht nur Menschen sein, die sonntags zusammen Musik machten, sondern wirklich eine Familie, eine große Familie. Jenn und ich übernahmen die Leitung und verloren keine Zeit. Wir wussten, dass dies in Gottes Sinn war.

*

Die Anbetung in der Gemeinde hatte schon immer prophetische Eindrücke gefördert. Aber jetzt wollten wir das Ganze noch enger miteinander verknüpfen. Wir waren nicht perfekt, aber wir gingen das Ganze mit viel Leidenschaft an. Und wir lernten, unsere Anliegen zu kommunizieren und zu improvisieren, aber es war chaotisch.

Monate vergingen, aber das, was wir erlebten, entsprach nicht ganz unserer Vision. Ich hatte von Anfang an gewusst, dass es eine Weile dauern würde, diese Vision umzusetzen, aber es dauerte länger, als ich mir vorgestellt hatte. Es gab Unstimmigkeiten wegen des Stils, der Liedauswahl und des Sounds. Es war frustrierend und chaotisch, es war nicht das, was ich mir ausgemalt hatte, aber das hinderte Gott nicht daran, trotzdem zu handeln.

Die Situation wurde dadurch erschwert, dass einige Mitglieder des Lobpreisteams seit Jahren mit meiner Familie befreundet waren und mich seit meiner Kindheit kannten. Daher hatten einige Probleme damit zu akzeptieren, dass ich nun diesen Bereich leitete; das galt besonders für Personen, die mich schon als Baby gekannt hatten. Einigen fiel es auch schwer, sich an den neuen Sound zu gewöhnen. Andere glaubten nicht, dass es sinnvoll wäre, in den Lobpreisbereich zu investieren, da es so viele andere Dinge gab, für die die Gemeinde ihr Geld ausgeben könnte. Hinzu kam meine Neigung, Konfrontationen aus dem Weg zu gehen. Ganz abgesehen davon, dass ich definitiv nicht dem Bild eines typischen geistlichen Leiters entsprach. Alles zusammen bildete den idealen Nährboden für Komplikationen.

An dieser Stelle möchte ich die Verantwortung für einige Fehler übernehmen, die ich gemacht habe. Im Laufe der Zeit sprachen Jenn und ich mit vielen Mitgliedern des Teams darüber, dass sie ihr Können verbessern sollten, indem sie

Gesangsunterricht nahmen oder lernten, ihr Instrument besser zu spielen. Kommunikation war aber nicht gerade meine Stärke. Deshalb sagte ich den Musikern nicht, warum manches nicht funktionierte. Mir war nicht bewusst, dass ich nicht klar kommunizierte, worum es mir hier ging, deshalb stellten einige Musiker Vermutungen darüber an, was los sein könnte. Wenn Menschen nicht genügend Informationen zur Verfügung haben, füllen sie die Wissenslücken normalerweise irgendwie aus. Und ich gab ihnen nicht alle Informationen. Dadurch zogen sie logischerweise ihre eigenen Schlüsse.

Da Jenn und ich außerdem den Jugendlobpreis leiteten, brachte ich einige dieser jungen Musiker ins Lobpreisteam der Gemeinde mit. Die meisten von ihnen waren sehr jung, erst 13 bis 15 Jahre alt. Uns war es ein großes Anliegen, junge Anbetungsleiter und Musiker zu fördern, aber ich erklärte dem Team nicht, aus welchem Grund wir das für wichtig hielten. Ich ließ zu viel ungesagt. Dadurch stellte das Team Vermutungen an, und einige hegten den Verdacht, dass wir sie ersetzen wollten. Ich kam gar nicht auf die Idee, die altgedienten Musiker zu beruhigen und ihnen unsere Vision zu erklären. Dadurch kam es logischerweise zu Missverständnissen. Wir veränderten sehr viel und niemandem fallen Veränderungen leicht.

Je mehr Missverständnisse es gab, umso mehr wuchs auch meine Frustration. Aber ich war nicht bereit, darüber zu sprechen, zumindest nicht mit den Menschen, mit denen ich hätte sprechen müssen. Stattdessen hoffte ich einfach, dass jeder die Vision verstehen würde. Ich hatte sie doch schon einmal erklärt. Genügte das nicht? Warum konnten sie denn nicht erkennen, was wir machten und worum es uns ging? Ich verstand nicht, warum ich immer wieder auf so viel Widerstand stieß. Ich hatte noch nicht gelernt, dass eine Vision kommuniziert werden muss – dass sie *immer wieder* vermittelt werden muss. Ich hatte noch nicht gelernt, dass Leiter sehr viel kommunizieren müssen, damit jeder verstehen kann, wohin der Weg führt.

Ich hegte also unrealistische Erwartungen – ich erwartete, dass die anderen unsere Vision verstehen würden, ohne dass sie ihnen richtig erklärt wurde. Und unrealistische Erwartungen führen immer zu Problemen. Ich versuchte nicht, ihre Sicht zu verstehen. Vielmehr machte ich einfach immer weiter, und das tat mir nicht gut. Ja, Gott handelte, aber das bedeutet nicht, dass die Situation für mich und auch für die anderen nicht schmerzhaft war.

*

In dieser Zeit kam Don Potter nach Redding, um auf einer *Bethel*-Konferenz den Lobpreis zu leiten. Er hat noch heute einen landesweiten bzw. internationalen Dienst und ist für seine erstklassige Musik bekannt und dafür, dass er prophetischen Eindrücken Raum gibt. Am letzten Abend seines Besuchs, es war ein Sonntagabend, rief er Jenn und mich auf die Bühne. Er legte uns die Hände auf und betete vor der ganzen Gemeinde für uns. Don bestätigte unsere Vision und das wiederum bestärkte mich in meinen Zielen. Dann fügte er noch hinzu, dass ich genauso einen Lobpreisauftrag habe, wie mein Großvater ihn gehabt hatte.

Mein Großvater war dreizehn Jahre leitender Pastor der *Bethel Church* gewesen und hatte einen hohen Preis dafür bezahlt, dass er immer wieder betont hatte, wie wichtig Lobpreis und Anbetung sind. Er hatte der Gemeinde vermittelt, dass Lobpreis und Anbetung mehr ist, als nur Lieder zu singen. Lobpreis und Anbetung sind eine Herzenseinstellung. Dieser Gedanke war den Menschen damals noch fremd, aber mein Großvater war nicht bereit, davon abzurücken, und das führte zu großen Unstimmigkeiten in der Gemeinde. Er war jedoch gern bereit, falsch verstanden zu werden, solange die Gemeinde die Kraft echter Anbetung erlebte. In den darauf folgenden Jahren erlebte die *Bethel Church,* was alles geschehen kann, wenn man Anbetung Priorität einräumt. Das verdankte sie zum großen Teil der Opferbereitschaft meines Großvaters. Er war bereit gewesen, für etwas zu kämpfen, und das veränderte alles.

Ich war ebenfalls bereit, für etwas zu kämpfen. Das wurde mir bewusst, als ich Dons Worte hörte. Jenn und ich gingen unseren Weg weiter, selbst wenn das Team uns nicht verstand. Ich wusste, dass Lobpreis und Anbetung alles verändern können. Das wusste ich aus eigener Erfahrung. Und ich sehnte mich danach, dass die anderen das Gleiche erlebten.

Manchmal musste ich mir unangenehme Dinge anhören und ich fühlte mich missverstanden. Aber ich verstand es immer gut, meinen Schmerz zu ignorieren. Ich setzte mich nicht mit meiner Frustration auseinander. Ich redete mir ein, dass alles in Ordnung sei. Ich sagte mir, dass eben nicht jeder unseren Weg mitgehen wollte. Das stimmte zwar, aber dadurch nahm ich die Frustration und den Schmerz nicht wirklich ernst.

Wenn eine Organisation schnell wächst, kommt es oft zu solchen und ähnlichen Komplikationen. Das war mir bewusst. Die Zahl unserer Mitarbeiter verdoppelte sich in kürzester Zeit mehrmals und die Kommunikation wurde noch schwieriger. Die Vergrößerung des Mitarbeiterstabs, Streitigkeiten über finanzielle Mittel und meine mangelnde Kommunikation waren eine tickende Zeitbombe, die mein Innenleben zu zerstören drohte.

*

Obwohl unser Dienst viele Herausforderungen mit sich brachte, verstanden Jenn und ich uns großartig. Wir waren gern verheiratet. Mithilfe von Jenns Eltern kauften wir acht Monate nach unserer Hochzeit unser erstes Haus. Es war ein wunderbares kleines Haus, das wir mit Begeisterung renovierten und in ein Zuhause verwandelten.

Nur wenige Monate später verreisten wir anlässlich unseres ersten Hochzeitstags. Als Jenn eines Morgens aufwachte, ging es ihr gar nicht gut. Am nächsten Morgen war es das Gleiche. „Vielleicht bin ich schwanger?“, sagte Jenn mit einem breiten Grinsen. Wir waren so aufgeregt, dass wir sofort losfuhren, um einen Schwangerschaftstest zu kaufen. Tatsächlich, wir bekamen ein Kind! Wir riefen unsere Familien an und konnten es nicht erwarten, ihnen die gute Nachricht mitzuteilen.

Während Jenns Schwangerschaft waren wir weiterhin viel unterwegs, leiteten Lobpreis und schrieben Lieder. Auf einer Leiterkonferenz sprach uns ein Mann namens Andrew Sievright an. Er sagte, das, was wir machten, wäre wirklich etwas Besonderes, und er wollte uns helfen, ein Album mit den Songs aufzunehmen, die wir geschrieben hatten. Er würde die Kosten übernehmen und uns sein Aufnahmestudio zur Verfügung stellen. Wir konnten es kaum glauben! Wir träumten schon lange davon, ein Album aufzunehmen, und nun wurde dieser Traum Wirklichkeit! Das würde zwar bedeuten, dass zu unserem bereits mehr als ausgefüllten Terminkalender noch eine weitere Aufgabe hinzukam, aber wir waren richtig begeistert.

Am 11. Dezember 2001 setzten bei Jenn die Wehen ein. Sie wollte so lange wie möglich zu Hause bleiben, bevor sie ins Krankenhaus fuhr. Nach einigen Stunden teilte sie mir mit, dass sie sich nicht wohlfühle; es war ein Gefühl, als hätte sie Grippe. Da es unser erstes Baby war, wusste sie auch nicht genau, wie sich Wehen im Einzelnen anfühlten. Als wir ins Krankenhaus kamen, wurde sie untersucht. Nach wenigen Minuten standen fünf Hebammen um ihr Krankenbett herum. Sie sprachen nicht viel, aber es war ein reges Kommen und Gehen. Wir hatten keine Ahnung, ob das normal war. Dann holte eine der Hebammen einen Arzt. „Die Vitalwerte des Babys verschlechtern sich", sagte sie.

Der Arzt gab entsprechende Anweisungen, und die Hebamme teilte uns mit, dass Jenn zu einem Not-Kaiserschnitt in den OP gebracht werden müsse. Sie löste die Bremse und schob das Bett zur Tür hinaus, ohne ein weiteres Wort zu sagen. Ich rief meine Eltern und die von Jenn an und bat sie zu kommen. Dann folgte ich der Hebamme bis zur OP-Tür, aber man ließ mich nicht hinein, da Jenn für den Eingriff vorbereitet wurde. Ich war völlig fertig. Ich saß draußen auf dem Flur, während sich alles, was mir auf dieser Welt wichtig war, auf der anderen Seite dieser Tür befand.

Unsere Familien trafen ein; sie setzten sich zu mir und beteten mit mir. Als Jenn für den Kaiserschnitt vorbereitet war, durfte ich endlich zu ihr. Sie lag auf dem Rücken, und das OP-Tuch versperrte uns die Sicht auf alles, was unterhalb ihres Halses vor sich ging. Ich setzte mich zu ihr und die Operation begann. Insgeheim befürchtete ich, jeden Augenblick ohnmächtig zu werden, aber ich versuchte, für Jenn stark zu sein. Es kam mir wie eine Ewigkeit vor, aber das Ganze dauerte nur ungefähr dreißig Minuten. Dann hörte ich es. Unser kleines Mädchen, Haley Bren, stieß ihren ersten Schrei aus. Diese Töne gehörten zum Schönsten, was ich je gehört hatte.

Die Hebammen machten sie sauber und maßen ihre Vitalwerte, die aber sehr schlecht waren. Eine Hebamme zeigte uns unsere Tochter, erklärte uns aber, dass sie Haley jetzt auf die Neugeborenen-Intensivstation bringen müsse. Mit unserer kleinen Tochter auf den Armen verschwand sie rasch aus dem OP. Nachdem die Ärzte die Operation beendet hatten, wurde Jenn in ein Zimmer auf der Wöchnerinnenstation gebracht. Ein Arzt von der Neugeborenen-Intensivstation schaute vorbei und erklärte uns, dass Haleys Apgar-Index nur bei 2 von 10 lag. Er fügte hinzu, es sehe nicht gut aus, und Haley habe Atemprobleme. Ich kann gar nicht beschreiben, wie groß unsere Angst war, als die Ärzte uns mitteilten, dass unsere Tochter vielleicht nicht überleben würde. Wir kamen uns ganz hilflos vor, aber ich wusste, dass wir noch eines tun konnten: Wir konnten alle für Haley beten. Unsere Eltern riefen unsere Verwandten an. Alle saßen im Wartezimmer und beteten für unser neugeborenes Baby.

Irgendwann durfte ich zu Haley auf die Neugeborenen-Intensivstation. Ich trat durch die Tür, und da lag sie. In einem Brutkasten. Ein Sauerstoffschlauch war an ihrem Gesicht befestigt und überall hingen Kabel. Ich betete und sang ihr etwas vor. Ich nahm sie mit einer Videokamera auf und zeigte Jenn dann unsere Tochter. Diese ersten Tage vergingen in einer Mischung aus Hoffen, Beten und Weinen.

Haleys Werte besserten sich und wurden dann wieder schlechter. In den darauffolgenden Tagen durfte auch unsere Familie zu ihr und betete für sie. Jenn durfte sie ebenfalls sehen. Am dritten Tag durften wir sie sogar auf dem Arm halten. Wir schliefen bei meinen Großeltern, die direkt neben dem Krankenhaus wohnten. Sie beteten ständig mit uns, und es bedeutete uns sehr viel, dass sie uns so unterstützten.

Langsam besserte sich Haleys Zustand und die Ärzte staunten. Wir hatten noch nie so viel Angst gehabt wie während der zehn Tage, die sie auf der Neugeborenen-Intensivstation verbrachte. Das Ganze war traumatisch, aber trotzdem blieben die Panikattacken aus.

*

Als sich das Leben wieder ein wenig normalisiert hatte, arbeiteten wir an unserem Album weiter. Wir waren auf die Songs stolz und schrecklich aufgeregt. Wir nahmen tatsächlich ein Album auf! Nach den ersten Aufnahmen fuhr ich zur Postproduktion in

Andrews Studio nach Santa Cruz und wir arbeiteten dort sechs Monate am Sound. Kurz vor der Fertigstellung waren plötzlich alle Audiodateien verschwunden. Hunderte Dateien waren von einer Sekunde auf die andere fort! Der Produzent konnte sie nirgends auf dem Computer finden. Hunderte Arbeitsstunden waren vergebens gewesen. Es war ein Albtraum!

Der Produzent verstand nicht, wie das hatte passieren können. Er war so außer sich, dass er das Studio verließ und erst einmal an den Strand fuhr, um ein bisschen spazieren zu gehen. Ich stand währenddessen im Studio und überlegte, was der Verlust dieser Dateien bedeutete. Wenn wir sie nicht fanden, mussten wir wieder ganz von vorne anfangen und alles neu aufnehmen. Das kam nicht infrage. Deshalb rief ich Andrew an und teilte ihm die schlechte Nachricht mit. Er sagte, sein Sohn Joel sei in der Stadt. Falls uns irgendjemand helfen könnte, dann wäre das Joel. Er gab mir dessen Nummer und ich rief ihn an. Joel kam ins Studio, setzte sich an den Rechner und begann, die Dateien zu suchen. Schließlich fand er eine Datei nach der anderen und begann, das Album wie ein Puzzle wieder zusammenzufügen. Es dauerte zwei Tage, aber er fand alles, was verloren gewesen war, und setzte das gesamte Album von Hand wieder zusammen.

Monate später wurde das Album veröffentlicht, und wir begannen, damit auf Tour zu gehen. Wir verkauften es auf Konferenzen und Lobpreisveranstaltungen. Das Album löste keinen großen Hype aus, aber es wurde von den Menschen, die es kauften, gut aufgenommen. Und wir hörten auch erstaunliche Berichte darüber, was die Menschen mit unserer Musik erlebt hatten.

Zwei Jahre vergingen und ich schrieb immer mehr. Einige dieser Songs wurden sogar über *Bethel* hinaus bekannt. In dieser Zeit besuchte ein bekannter Lobpreisleiter unsere Gemeinde und sagte, wenn ich wirklich „große Songs“ schreiben wolle, bräuchte ich bessere Texte. Obwohl eine solche Kritik den Empfänger normalerweise verletzt, war es genau das, was ich hören musste. Ich wusste, dass er recht hatte. Ich war kein überragender Texter und musste daran arbeiten. Deshalb traf ich eine Entscheidung: Wenn die Songs, die ich schrieb, nicht gut genug waren, würde ich eben mit Menschen zusammenarbeiten, die schon erfolgreich Liedtexte geschrieben hatten. Melodien fielen mir leicht, aber Worte waren schwerer. Ich strengte mich an und die Qualität der Songs verbesserte sich. Indem ich die Lieder gemeinsam mit anderen schrieb, wurden sie besser und ich ebenfalls.

*

Die Leitung des Teams, Haleys Geburt und die Produktion eines Albums brachten viel Freude, aber auch Stress mit sich. Damals war mir das jedoch nicht bewusst, denn es geschahen ja viele gute Dinge: Gott handelte und ich verspürte nicht die geringste Panik oder Angst. Ohne mir dessen bewusst zu sein, tat ich das, was ich schon als Kind gemacht hatte: Ich schluckte meinen Schmerz hinunter und konzentrierte mich auf das Gute, das Gott tat. Ich wusste nicht, dass der Druck noch weiter steigen und irgendwann so explodieren würde, dass ich selbst mit den grundlegenden Dingen des Lebens überfordert wäre.

Wie soll man das auch wissen, wenn man erst Anfang zwanzig ist?

09

Der Preis der Freiheit

Als wir in das abgelegene nordkalifornische Redding zogen und anfingen, in die *Bethel Church* zu gehen, war die Gemeinde noch relativ klein. Redding war damals einfach keine angesagte Adresse. Das war der Ort nie gewesen. Ursprünglich hatte die Stadt von einem Priester, der sich während des Goldrauschs dort angesiedelt hatte, den Spitznamen „Armenhaus" bekommen. Redding war keine Stadt, in der viele Menschen wohnen wollten; sie gehörte zu den Orten, die man auf der Durchreise zu einem anderen Ort passierte. Und obwohl *Bethel* Mitte der 90er-Jahre eine nette Gemeinde war, hatte sie weder Einfluss noch Ansehen. Aber nach nur wenigen Jahren wurde die Gemeinde dafür bekannt, dass Gott hier wirkte und Wunder geschahen. Menschen aus aller Welt besuchten die Gemeinde und immer mehr schrieben sich an unserer Bibelschule ein.

Mein Vater war als Leiter immer sehr demütig. Er versuchte nie, andere zu kontrollieren oder zu manipulieren, sondern schätzte eine Kultur der Freiheit und wollte ein Leitungsteam, das sich nicht scheute, Risiken einzugehen. Er wollte, dass sein

Team den Mut hatte, dem zu folgen, was Gott ihnen aufs Herz gelegt hatte. Diese Kultur der Freiheit schuf eine Atmosphäre, in der die Menschen Gott begegnen konnten. Als die Gemeinde die positiven Seiten einer solchen Leitung erlebte, kamen immer mehr Menschen, um an dem teilzuhaben, was hier geschah. Viele blieben und wurden Mitglieder unserer Gemeinde. In nur wenigen Jahren wuchs diese auf das Doppelte an. Und angesichts dieses Wachstums verdoppelte sich auch die Zahl der Mitarbeiter.

Die Erweiterung des Mitarbeiterstabs brachte neue Herausforderungen mit sich. Die Leute, die sich hier engagierten, verfolgten gute Absichten. Menschen fühlen sich von Natur aus zu einer Kultur der Freiheit hingezogen, weil sie so sein, so leben und so dienen wollen, wie Gott sie erschaffen hat; sie wollen nicht eingeengt oder manipuliert werden. Wir fürchteten uns nicht vor großen Persönlichkeiten oder Menschen, die in unserer Umgebung eine gewisse Bekanntheit erlangten.

Mein Vater wollte die Arbeit auch nicht allein machen, sondern einen Rahmen schaffen, in dem sich viele Menschen einbringen konnten. Wenn Menschen zu einem solchen Ort hinzustoßen, kann es oft chaotisch zugehen. Wenn sie diesen Weg gehen und vor allen Dingen Gottes Anliegen verfolgen, stoßen sie unwillkürlich an bestehende Grenzen und bringen Dinge durcheinander. Ein solcher Führungsstil hat auch seine negativen Seiten, aber er bringt auch reichlich Früchte. Auf lange Sicht lohnt er sich.

Ich erkannte, dass es klug ist, eine Gemeinde auf diese Weise zu leiten. Das schuf eine Atmosphäre, die es unseren Mitarbeitern erlaubte, ihre Gaben und Talente frei einzusetzen – aber es lief nicht alles perfekt. Einige Leiter verfolgten ihre eigenen Ziele. So etwas wäre in einer Umgebung mit mehr Kontrollmechanismen wahrscheinlich nicht passiert. Und es gab natürlich mehr Konflikte, denen ich aber so gut wie möglich aus dem Weg ging. Damals hatte ich noch nicht verstanden, dass ein gesunder Umgang mit Konflikten mir geholfen hätte, die Sichtweise der anderen zu verstehen. Umgekehrt galt dies natürlich auch. Aber da ich es vermied, Konflikte anzusprechen, blieb vieles ungeklärt. Der Druck, der sich dadurch aufbaute, wurde immer stärker.

*

Nach einigen Jahren hatten wir ein Team aufgebaut, das das musikalische Talent und Können mitbrachte, um seiner Berufung gerecht zu werden, den Lobpreis der Gemeinde zu leiten. Wir förderten gegenseitig unsere Kreativität, experimentierten herum und probierten Neues aus. Ich hatte eine Vorstellung davon, wohin Gott uns führen wollte, und mein Blick war auf das Ziel gerichtet.

Wir sahen, wie jede Woche Menschenleben verändert wurden. An vielen Abenden beteten und sprachen wir nach dem Gottesdienst mit Besuchern. Ich erinnere mich noch an einen Abend, an dem ein Mann ein emotionales Trauma durchlebte. Ich blieb stundenlang bei ihm und spielte leise Gitarre. Ich konnte erkennen, dass sich etwas in ihm veränderte, und das nur, weil ich Anbetungslieder spielte. An diesem Abend spielte ich vier Stunden und das tat ich gern; ich bekam dadurch ebenfalls neue Energie. Es war ein Vorrecht, jemandem dabei zu helfen, innerlich frei zu werden; diese Erfahrung hatte ich ja auch in meiner eigenen Kindheit gemacht. Ich nahm das, was wir taten, sehr ernst. Ich war mir bewusst, dass das heilige Momente waren, und ich wollte, dass das Team sie ebenfalls ernst nahm. Ich wollte, dass sie sich hier genauso viel engagierten wie ich.

In unserem Jugend-Lobpreisteam gab es einen Schlagzeuger, der schließlich Mitglied im Hauptteam wurde. Chris Quilala war erst 13, aber es war unübersehbar, dass er talentiert und im Musikteam genau an der richtigen Stelle war. Bei seinen ersten Proben war er nervös und ein wenig zu aufgeregt und geriet aus dem Rhythmus, als er versuchte, ein kompliziertes Fill zu spielen. Ich unterbrach das Stück und teilte ihm mit, dass es die Aufgabe des Schlagzeugers sei, der Band zu helfen, den Takt zu halten. Solange er nicht fünf Minuten lang einen simplen Rhythmus spielen könne, könne er auch keine Fills spielen. Ich verpackte diese Worte leider nicht in ein bisschen Ermutigung, und auch wenn das Ganze als konstruktive Kritik gemeint war, habe ich ihn damals sehr verletzt. Jetzt, Jahre später, lachen Chris und ich über diese Geschichte. Und wir lachen auch über ähnliche Kommentare, die ich im Laufe der Jahre losgelassen habe. Selbst wenn einige dieser Bemerkungen dafür gesorgt haben, dass er seine Aufgabe in Zukunft besser machte, war er damals noch ein Kind, und ich habe ihn viel zu hart angepackt. Ich wusste, dass gute Leiter Menschen einerseits ermutigen, ihnen aber andererseits auch helfen, sich weiterzuentwickeln – allerdings handelte ich oft nicht entsprechend.

Rückblickend ist mir bewusst, wie unsensibel ich war. Obwohl einige Mitglieder des Lobpreisteams jung oder verletzt waren, fiel mir das gar nicht auf. Für mich waren sie leitende Mitarbeiter der Gemeinde und an die legte ich strengere Maßstäbe an. Ehrlich gesagt erwartete ich damals oft, dass sie sich zusammenrissen. Ich trieb sie an, ich versuchte, sie in Rollen zu zwängen, für die sie noch nicht bereit oder begabt waren, und verlor schnell die Geduld.

Die Mitglieder unseres Teams waren unterschiedlich weit in ihrer Entwicklung. Ich wünschte heute, ich hätte damals daran gedacht, dass ich es mit unvollkommenen, empfindsamen Menschen zu tun hatte. Während ich den Eindruck hatte, dass ich sie ermutigte, brachte Jenn mir bei, dass es zu wenig ist, wenn man nur alle paar Wochen mal eine positive Bemerkung macht. In meinem Bestreben, meine Vision zu realisieren, hatte ich den Blick dafür verloren, wie mein Team empfand, wenn ich zu wenig mit ihm darüber sprach.

Rückblickend wünschte ich, ich hätte ihnen meine Vision erklärt. Aber ich hatte das Gefühl, ich hätte das *Wie* kommuniziert, und ging davon aus, dass jeder das *Warum* verstanden habe. Jetzt weiß ich, dass solche unausgesprochenen Annahmen immer zu Schwierigkeiten führen.

*

Auch wenn es emotional anstrengend war, war es wichtig, dass Jenn und ich als Lobpreispastoren viel Zeit mit den Musikern und den Lobpreisleitern verbrachten. Die meisten waren typische Kreative, die kein Problem damit hatten, über ihr chaotisches Gefühlsleben zu sprechen. Kreative Menschen nehmen ihre Emotionen oft sehr stark wahr. So hat Gott sie geschaffen, und das ist auch gut so – heute weiß ich das, aber damals war ich mir dessen noch nicht bewusst. Entsprechend nahm ich mir nicht viel Zeit, um über meine eigenen Gefühle und das, was in mir ablief, zu sprechen und nachzudenken (daran arbeite ich immer noch). Wenn also ein Mitglied unseres Teams mit mir darüber sprechen wollte, wie es ihm gerade ging, versuchte ich, das unter allen Umständen zu vermeiden.

Solche Gespräche laugten mich aus. Ich hatte noch nicht gelernt, wie man eine Gruppe aus extrem kreativen Menschen leitet. Ich verlor oft die Geduld gegenüber den Personen aus unserem Team, die einfach über alles sprechen wollten. Ich fing an, ihnen aus dem Weg zu gehen. Außerdem wusste ich nicht, wie ich den Menschen helfen konnte, die Verantwortung für ihre eigene Weiterentwicklung zu übernehmen. Das führte dazu, dass ich Gesprächen *noch mehr* aus dem Weg ging. Wenn es jemand doch schaffte, mich zu erwischen und in ein solches Gespräch zu verwickeln, beendete ich es so schnell wie möglich und notierte mir im Geiste: *Mach in Zukunft lieber einen Bogen um diese Person.*

Die meisten Mitglieder des Teams sehnten sich einfach danach, mich kennenzulernen und zu wissen, dass sie bei mir gut aufgehoben waren. Doch obwohl ich sie auch wirklich nicht alle persönlich betreuen konnte, trugen meine Versuche, Gesprächen aus dem Weg zu gehen, nicht gerade dazu bei, dieses berechtigte Bedürfnis nach Kontakt zu befriedigen. Ich hatte hier ein Team aus talentierten, berufenen und manchmal innerlich verletzten Menschen, um die ich mich hätte kümmern sollen. Aber ich tat es nicht.

*

Ich war mir bewusst, dass sich etwas ändern musste. Wir konnten nicht länger die volle Verantwortung für die emotionalen Bedürfnisse unseres stetig wachsenden Teams allein tragen. Deshalb beschlossen Jenn und ich, unser großes Team in kleinere Gruppen zu unterteilen. Wir dachten, das würde den Einzelnen helfen, sich zugehörig zu fühlen, und uns ein wenig von dem Druck befreien. Weil wir wussten, wie wichtig geistliche Betreuung ist und dass Jenn und ich damit überfordert waren, stellten wir mehrere Personen ein, die das Lobpreisteam betreuen sollten. Und das entpuppte sich als tolle Idee. Ich wusste, dass ich mich darauf konzentrieren musste, Jenn ein guter Ehemann und meinen Kindern, die alle noch sehr jung waren, ein guter Vater zu sein. Und ich konnte so mehr Zeit darauf verwenden, meine Lieder zu schreiben und mich als Musiker weiterzuentwickeln.

Auch wenn wir intensiv zusammenarbeiteten, gelang es mir nicht, tiefere Beziehungen zu den Schlüsselpersonen im Team aufzubauen, obwohl genau das nötig gewesen wäre. Die Leiter der kleineren Gruppen gaben mir den Raum, mich musikalisch weiterzuentwickeln und Zeit mit meiner Familie zu verbringen – aber das führte wiederum dazu, dass ich mich ein wenig mehr vom Team entfernte. Ich investierte nicht so viel Zeit und Energie in sie, wie ich es hätte tun sollen. Wenn mich ein Teammitglied darauf ansprach und ich das Gefühl hatte, dass man mir Vorwürfe machte, weil ich nicht da war, ging ich innerlich noch weiter auf Distanz. Es fiel mir schwer zu erkennen, ob jemand wirklich Hilfe brauchte oder ob er nur versuchte, mich dazu zu bringen, sein schlechtes Verhalten und seine schlechten Entscheidungen zu unterstützen. Deshalb ging ich ihm einfach ganz aus dem Weg.

*

Je mehr die Gemeinde wuchs, umso mehr Gelegenheiten eröffneten sich uns, irgendwo den Lobpreis zu leiten, vor allem bei Veranstaltungen außerhalb unserer Gemeinde. Gott war auf unglaubliche Weise am Werk, und ich merkte, dass die Menschen sich danach sehnten, mehr Erfahrungen mit ihm zu machen. Doch obwohl unser Lobpreisteam zunehmend größer wurde, hatten wir nicht genügend Mitglieder, um alle Anfragen abzudecken. *Bethel* wurde immer bekannter, und unsere junge Gruppe aus Anbetungsleitern erhielt Einladungen aus der ganzen Welt. Es war eine aufregende Zeit, aber die häufigen Einladungen sorgten dafür, dass wir uns nicht ausreichend um den Lobpreis und die Anbetung in unserer eigenen Gemeinde kümmern konnten. Wir wussten, dass gerade das unsere Hauptaufgabe war, denn was man zu Hause nicht findet, kann man auch nicht zu anderen hinaustragen. Jenn und ich waren uns ebenfalls bewusst, dass es unsere Aufgabe war, Lobpreismusikern eine Plattform zu bieten, und dass wir ihnen helfen mussten, in ihre Berufung hineinzuwachsen. Wir mussten uns gewissermaßen um beides kümmern: um ihre Berufung und ihren Charakter.

Da ich in der Gemeinde großgeworden war, hatte ich oft miterleben müssen, wie Lobpreisleiter und Pastoren ihren Dienst zu schnell ausweiteten. Und dass das hohe Arbeitspensum dafür sorgte, dass sie irgendwann ausgebrannt waren. Einige kehrten ihrer Ortsgemeinde sogar den Rücken, als ihre Ehe, ihre Familie und ihre Beziehung zu Gott unter der Belastung auseinanderzubrechen drohte. Das wollten wir auf keinen Fall riskieren. Hinzu kam, dass Jenn und ich wussten, wie schwer es ist, Reisen und Familie unter einen Hut zu bringen; wir selbst hatten in dieser Hinsicht schon genügend Fehler gemacht. Es war uns daher wichtig, dass unsere Lobpreisleiter eine tiefe Beziehung zu Gott hatten und einen starken Charakter entwickelten, damit sie wiederum gesunde Familien haben und ihre Chancen nutzen könnten. Einige waren durchaus von Gott berufen und begabt, aber gleichzeitig gab es in ihrem Leben Dinge, an denen sie arbeiten und wachsen mussten. Wir wollten, dass sie Erfolg hatten, wenn sie in die Welt hinausgingen.

Und genau das machten Jenn und ich dem Team klar. Wir stellten Regeln auf, was die Reisetermine der Anbetungsleiter anging, da uns wichtig war, dass sie in der Ortsgemeinde verankert blieben. Sie sollten mit den Mitgliedern der Gemeinde in Kontakt bleiben und genügend Zeit haben, sich um ihre Familien zu kümmern. Aber wir verlangten von ihnen nichts, zu dem wir nicht auch selbst bereit waren. Wir bemühten uns, ihnen hier ein gutes Vorbild zu sein. Wir hatten inzwischen drei Kinder und wussten, dass wir für sie da sein mussten. Obwohl wir also selbst auch Anfragen bekamen, den Lobpreis an anderen Orten zu leiten, lehnten wir viele Einladungen ab und sandten Teams aus, die unserer Meinung nach reif genug dafür waren, diese an unserer Stelle anzunehmen. Einige der jüngeren leitenden Mitarbeiter verstanden die Vision, andere nicht. Das führte zu Spannungen, da einige Mitglieder des Teams mehr reisen wollten und keine Gelegenheit dazu bekamen. Andere waren wiederum mehr unterwegs als zu Hause. Wir wollten, dass ihr Lebenstempo sie nicht auf Dauer überforderte, aber sie lebten auf der Überholspur und brannten schließlich aus. Hinzu kam, dass wir Probleme bekamen, unsere eigenen Gottesdienste und Veranstaltungen abzudecken, da sie immer mehr unterwegs waren. Dadurch stand der Rest des Teams zu viel unter Druck.

Der Unmut wuchs, als ich mich bemühte, die Mitglieder des Teams zu bremsen, die ständig unterwegs waren. Ich versuchte, ihnen zu vermitteln, dass wir ihnen doch nur dabei helfen wollten, ein vernünftiges Lebenstempo beizubehalten, aber einige wollten nicht auf uns hören. Ich berief mehr Meetings ein, wurde lauter und lauter, drang aber irgendwie nicht zu ihnen durch. Allmählich hatten wir das Gefühl, dass Jenn und ich die „Bösen“ waren. Als sich dieses Gefühl in mir breitmachte, begann ich, ihre Motive zu hinterfragen. Ich begann, das, was sie taten, durch diese Brille zu betrachten. Ich verurteilte sie viel zu schnell, und das vertiefte den Graben zwischen uns noch weiter.

Es war eine schwere Zeit. Wir bauten eine faszinierende Lobpreisgemeinschaft auf. Gott war sehr stark am Werk. Trotzdem kämpfte ich mit den Konflikten, die in einer talentierten Gruppe von Menschen mit Berufung, Vision und Freiheit nicht ausbleiben können. Je gefragter unser Team war, umso mehr Missverständnisse gab es. Es war, als würden sie erst auf mich hören, wenn ich lauter wurde oder eine große Sache aus etwas machte. Mein Problem wuchs, und ich brauchte die Unterstützung der Gemeindeleitung, um die Grenzen durchzusetzen, die ich gezogen hatte. Doch die Gemeindeleiter hatten mit ihren eigenen Aufgaben genug zu tun und konnten nicht verstehen, warum Jenn und ich uns solche Sorgen machten.

*

Den Bedürfnissen des Lobpreisteams gerecht zu werden war eine Herausforderung. Aber die Probleme waren noch viel komplexer. Ich musste lernen, mit dem Leitungsteam der Gemeinde in Kontakt zu bleiben.

Jede Woche treffen sich die leitenden Mitarbeiter von *Bethel*, um sich darüber auszutauschen, was sich durch ihre verschiedenen Dienstbereiche in der Gemeinde und auf der ganzen Welt tut. Mein Vater hatte diese wöchentlich stattfindenden zweistündigen Leitertreffen vor Jahren eingeführt, als die Gemeinde harte finanzielle Entscheidungen treffen musste. Es war ihm wichtig gewesen, dass diese Entscheidungen, auch wenn sie hart waren, auf der Grundlage von Glauben und Vertrauen getroffen wurden. Das ist uns so sehr in Fleisch und Blut übergegangen, dass wir es auch Jahre später immer noch so machen.

Damals erzählte ich bei diesen Treffen nicht viel. Ich wollte nicht den Eindruck erwecken, dass Jenn und ich uns ins Rampenlicht drängen wollten, denn ich hasste nichts mehr als Selbstdarstellung, die sich den Anschein gibt, Gott die Ehre zu geben. Außerdem bestand ja der Lobpreisdienst nicht nur aus Jenn und mir, und ich wollte auf keinen Fall den Eindruck erwecken, als wollte ich alles als mein Verdienst verbuchen. Deshalb erzählte ich bei diesen wöchentlichen Treffen nicht viel.

Das führte jedoch dazu, dass einige Mitarbeiter dachten, ich sei nicht bereit, mich wirklich in die Gemeinde einzubringen. Indem ich nichts erzählte, gab ich den anderen keine Gelegenheit, unsere Vision einer Lobpreisgemeinschaft und unsere Entwicklung zu verstehen. Wenn ich ihnen bei diesen Treffen vermittelt hätte, worum es uns ging und was wir erlebten, hätte das den anderen vielleicht geholfen, unsere Vision zu verstehen.

*

In dieser Zeit war das Geld in der Gemeinde knapp, und alle Teams versuchten, finanzielle Mittel zu bekommen, um ihren Dienst am Laufen und zu halten und auszuweiten. Das Leitungsteam von *Bethel* bemühte sich wiederum, dafür zu sorgen, dass die Gemeinde nicht in die roten Zahlen geriet. Weil aber unser Lobpreisdienst wuchs, brauchten wir mehr Geld, und meine Anträge konkurrierten mit den Anträgen anderer Dienstbereiche. So ist das nun einmal bei Haushaltsdiskussionen.

Wir brauchten besseres Equipment, damit wir weiter wachsen konnten, und dieses Equipment war nicht billig. Monatelang setzte ich mich dafür ein. Meine Anträge wurden meistens abgelehnt oder auf später verschoben. Ich musste mit ansehen, wie anderen Bereichen finanzielle Mittel bewilligt wurde, und war frustriert, auch wenn das Geld in Dienstbereiche investiert wurde, die in unserer Gemeinde viel bewirkten. Aber mir war gleichzeitig bewusst, dass Lobpreis und Anbetung eine Tür zu den Herzen der Menschen öffnen können. Eine Melodie oder ein Lied, die einfingen, was Gott in einem konkreten Moment tat, konnten große Bewegungen auslösen. Ich war frustriert, weil das Leitungsteam anscheinend nicht verstehen konnte, was wir hier aufzubauen versuchten. Zumindest hatte ich das Gefühl, dass sie es nicht verstanden.

*

2008 studierten ungefähr 1000 Personen an unserer *School of Supernatural Ministry* und *Bethel* wuchs immer weiter. Wir sahen unsere Chance gekommen und beschlossen, unsere Gottesdienste per Livestream ins Internet zu stellen. Es war eine geniale Idee und alle waren begeistert. Wir malten uns aus, dass Menschen auf der ganzen Welt gemeinsam mit uns Gott anbeten würden. Die Möglichkeiten waren grenzenlos!

Obwohl die Begeisterung groß war, ahnten wir auch, dass es komplizierter werden würde, als wir uns vorstellen konnten. Wir hatten nicht viel Ahnung von diesen Dingen, wussten aber, dass wir diesen Weg einschlagen wollten. Es gab technische Aspekte, die berücksichtigt werden mussten, weil damals noch niemand in so großem Ausmaß Livestreaming versucht hatte. Es gab keine Gemeinden, die uns hätten helfen können, und die technologische Entwicklung schritt in rasantem Tempo voran. Wir versuchten, mit den Veränderungen Schritt zu halten, damit wir es den Menschen, die uns online zusahen, ermöglichten, Gott zu erfahren.

Also setzten wir unsere Pläne um und investierten in Technik und Mitarbeiter. Dabei gingen wir aber so schnell vor, dass wir unweigerlich ein paar Dinge übersahen. Irgendwann kam ein Mitglied des Leitungsteams in mein Büro und erkundigte sich, ob das Lobpreisteam startbereit sei. In zwei Wochen solle es losgehen. Man kann sich meine Antwort vorstellen!

Was?! In zwei Wochen? Wie sollen wir in nur zwei Wochen alles schaffen?

Ich hatte schlagartig das Gefühl, man wollte, dass diese Unternehmung scheiterte, obwohl das natürlich nicht der Fall war. Ich erkundigte mich, wie man die Sache mit dem erstklassigen Sound beim Livestream handhaben würde und ob wir denn einen Tontechniker für das Streaming hätten. Ich hatte von weltbekannten Bands schon viele qualitativ schlechte Streamings gehört und wusste daher, dass ohne die richtige Tontechnik selbst die besten Bands furchtbar klingen. Einen Livestream richtig hinzubekommen war extrem schwierig, selbst dann, wenn das Budget nicht begrenzt ist. Wir hatten uns jahrelang darum bemüht, dass jeder Teil des Lobpreises exzellent war. Meine Befürchtung war, dass jetzt alles umsonst gewesen war.

Mein Gesprächspartner spürte, wie frustriert ich war. Ich erläuterte ihm meine Bedenken und machte deutlich, dass das Lobpreisteam auf das stolz sein wollte, was übertragen wurde. Wir konnten es nicht riskieren, einen Lobpreis zu übertragen, der die Menschen nicht zur Anbetung einlud. Die Leute sollten das Gefühl haben, im gleichen Raum zu sein. Wenn sie keinen Tontechniker für dieses Projekt besorgten, könnten sie den Lobpreis eben nicht übertragen. Mit diesen Worten marschierte ich aus dem Büro und hatte wieder einmal das Gefühl, der Spielverderber zu sein. Die Woche verging und ich beharrte auf meinem Standpunkt, obwohl ich den Eindruck hatte, damit ganz allein zu stehen. Nach tagelangen Diskussionen einigten wir uns schließlich darauf, dass wir einen Tontechniker bekämen.

Rückblickend weiß ich, dass man diese Situation besser hätte anpacken können. Mein Anliegen war gut und wichtig. Nicht das *Was* war falsch. Sondern wie ich es anpackte. Dass ich an diese ganzen Situationen so heranging, als müsste ich allein gegen alle kämpfen, zehrte an meinen Kräften.

10

Die Hütte

2010 hatte unser Lobpreisteam sich gefunden und wir erlebten viel Wachstum: Lieder wurden geschrieben, der Livestream lief gut, und Gott schenkte großartige Erfahrungen. Aber es gab auch Konflikte und Missverständnisse, die in einer Kultur der Freiheit nicht ausbleiben.

Zur gleichen Zeit zog Joel Taylor – der uns vor Jahren gerettet hatte, als er die verschwundenen Dateien wiedergefunden hatte – nach Redding und verbrachte viel Zeit mit Jenn und mir. Er kam oft abends zu uns nach Hause und wir unterhielten uns viel über unsere Vision von Lobpreis und Anbetung. Wir wollten etwas erschaffen, das der Gemeinde diente und von dem die Künstler leben konnten. Vielleicht war ja jetzt der richtige Zeitpunkt gekommen, um das Music Label zu gründen, von dem wir immer geträumt hatten. So konnten wir die Songs, die in *Bethel* entstanden, aufnehmen und ein Label gründen, das eng an die Gemeinde angebunden war.

Wir saßen viele Stunden zusammen und träumten von dem Label und davon, Dinge zu tun, die nie zuvor jemand getan hatte. Wir wollten das, was wir hier aufgebaut hatten – unsere Leidenschaft für spontanen Lobpreis und exzellente Musik –, in die Welt hinaustragen. Es sollte nicht darum gehen, bloß etwas Neues zu erschaffen, wir wollten uns auf unseren Dienst für Gott konzentrieren und auch finanziell davon leben können.

Wenn man etwas Neues erschafft und es Gott zur Verfügung stellt, ist das mit einem Preis verbunden. Wir wollten es den Menschen ermöglichen, durch Musik Gott zu begegnen. Denn wenn Menschen Gott begegnen, wird sie das für immer prägen. Genau das war unser Ziel: Wir wollten, dass sie Gott kennenlernten und sein Wirken erlebten. Wir wollten ein gut funktionierendes Team haben, das sich in allem von Gott abhängig macht und integer ist, das der Ortsgemeinde dient und diesen Dienst in die Welt hinausträgt. Wir wollten Menschen zusammenbringen und ihnen helfen, aktiv die Begegnung mit Gott zu suchen.

In *Bethel* gab es sehr viele Lobpreisleiter, Musiker und Songwriter. Wir brauchten eine neue Struktur für diese neue Phase, für alles, was Gott tat, und für die Menschen, die Gott zu uns führte. Wir brauchten einen Geschäftsführer, jemanden, der sich mit der Musikbranche auskannte. Obwohl das nicht mein Fachgebiet war, war Joel bereit, uns zu beraten, bis wir die perfekte Person dafür gefunden hatten.

Wir begannen, Gespräche mit möglichen Kandidaten zu führen, aber niemand schien der Richtige zu sein. Sie waren alle kompetent, sie hatten alle das nötige Fachwissen, aber sie gehörten nicht zu *Bethel* und schienen die Vision von dem, was wir hier aufzubauen versuchten, nicht wirklich zu verstehen. Und so führten wir weiter Gespräche, fanden aber niemanden, der geeignet gewesen wäre.

Nachdem wir monatelang Bewerbungsgespräche geführt

hatten, betrat ich eines Tages die Küche. Jenn bereitete gerade das Frühstück zu, als ich sie fragte, was sie davon hielte, wenn Joel der Geschäftsführer von *Bethel Music* werden würde. Ohne zu zögern, entgegnete sie, dass das eine sehr gute Idee sei. Als ich gerade zum Telefon greifen wollte, um Joel von dieser Idee zu erzählen, klingelte es. Es war Joel. Er erklärte mir, dass er eine ganz verrückte Idee hätte: Was würde ich davon halten, wenn er der Geschäftsführer von *Bethel Music* werden würde? Ich erzählte ihm, dass Jenn und ich soeben genau das Gleiche gesagt hatten und ich gerade zum Telefonhörer hatte greifen wollen, um ihn anzurufen. Wir lachten und staunten darüber, dass wir nach monatelangen Gesprächen mit anderen Kandidaten an diesem Morgen zur selben Schlussfolgerung gelangt waren. Nur Gott kann so etwas bewirken! Wir waren so begeistert und es fühlte sich einfach richtig an.

Wir hatten unseren Geschäftsführer gefunden. Wir hatten eine Vision. Wir hatten ein tolles Team. So entstand *Bethel Music*. Allerdings mussten wir auch feststellen, dass man mehr braucht als einen Geschäftsführer und eine Vision, um ein Unternehmen aufzubauen. Man braucht auch Kapital. Deshalb erstellten Joel und ich einen Businessplan. Als wir alles zusammenhatten, legten wir diesen den Gemeindeleitern vor und fragten, ob sie uns das Anfangskapital vorstrecken würden. Die Gemeindeleitung war nicht sonderlich begeistert darüber, denn sie erinnerten sich noch an das, was früher schon einmal passiert war.

Vor der Gründung von *Bethel Music* hatten Jenn und ich ein Album mit dem Titel *Here is Love* aufgenommen. Wir hatten bei der Gemeinde einen Kredit für die Produktionskosten aufgenommen, aber die Rückzahlung hatte länger gedauert, als die Gemeinde erwartet hatte. Da Kommunikation nicht gerade zu meinen Stärken gehört, war es mir nicht gelungen, auf die

Erwartungen hinsichtlich der Rückzahlung des Kredits richtig zu reagieren. Daher war das Leitungsteam jetzt etwas nervös. Ein Album ist immer mit einer Investition verbunden, und es dauert eine Weile, bis sich die Kosten amortisiert haben. Das Leitungsteam hatte deshalb den Eindruck, dass das Ganze zu riskant wäre. Und wenn wir sogar Verlust machen würden? Sie überlegten hin und her. Sie wollten uns ja unterstützen, aber die Gemeinde wuchs gerade, und die Finanzen waren knapp, da an allen Ecken und Enden Investitionen getätigt werden mussten. Sie diskutierten über das Pro und Kontra und am Ende lehnten sie unsere Bitte ab.

Rückblickend kann ich ihren Standpunkt verstehen. Ehrlich gesagt hatten sie recht. Es war riskant. Aber andererseits wusste ich tief in mir, dass wir diesen Weg gehen sollten. Wir sahen bereits die positiven Auswirkungen unserer Arbeit. Also mussten wir schnell handeln. Wir beschlossen, uns anderweitig nach der benötigten Finanzierung umzusehen. Wir sprachen einen angesehenen christlichen Musikvertrieb an, der unsere Musik schon vor Jahren vertrieben hatte, und zeigten ihm unseren Businessplan. Der Verantwortliche hörte sich unsere Musik an und beschloss, die Gelegenheit beim Schopf zu packen. Er willigte ein, das Album für uns zu vertreiben, und gab uns einen Vorschuss auf unsere Einnahmen. Jetzt hatten wir den Kredit, den wir so dringend brauchten – aber der Kredit setzte uns gleichzeitig finanziell unter Druck, denn ab dem Augenblick, in dem der Vertrag unterzeichnet war, gaben wir Geld aus, das wir erst noch verdienen mussten.

Jetzt öffneten sich die Türen von *Bethel Music* offiziell und wir gingen an die Arbeit. Wir begannen, uns mit den leitenden Mitarbeitern der einzelnen Dienstbereiche unserer Gemeinde zu treffen, darunter auch Kris Vallotton. Obwohl er wusste, dass *Bethel* uns keinen Kredit geben konnte, war er von der Vision und der Richtung begeistert, die wir einschlugen. Deshalb bot er an, uns dabei zu helfen, darauf zu achten, dass *Bethel Music* nicht den gesamten Kredit für die Gehälter ausgab. Kris wusste, dass wir unsere Einnahmen in das Label reinvestieren mussten. Er wollte, dass die Gemeinde der Ort war, an dem die Musik für *Bethel Music* „geboren" wurde, und deshalb trieb er im Gemeindebudget etwas Geld auf, um Joel und einen Buchhalter finanziell zu unterstützen. Es sei nicht viel, sagte er, aber es würde uns helfen, Kapital zu sparen, das wir dann wiederum in das Label investieren konnten. Wir nahmen sein Angebot an und waren dankbar, dass die Gemeinde unsere Vision unterstützte.

Selbst mit dem Geld des Musikvertriebs und der Hilfe der Gemeinde war unser Budget sehr klein. Wir arbeiteten in einem winzigen Büro, das wir mit unserem Buchhalter, einem Praktikanten und Joel teilten. Wir wussten: Wenn sich auch nur ein einziges Album nicht gut verkaufte, hatte *Bethel Music* keine Chance. Deshalb überlegten wir uns jede Entscheidung sehr genau. Wir wollten mutig sein, aber auch sorgfältig mit den Mitteln umgehen.

Wir begannen, die Songs aufzunehmen, die wir zusammen geschrieben hatten, und die Begeisterung im Lobpreisteam wuchs. Wir gaben *Be Lifted High* heraus, unseren ersten Sampler mit Originalsongs. Er kam besser an als erwartet. Und trotzdem hatten wir noch keine Vorstellung davon, was alles passieren würde.

*

Einige Jahre zuvor hatte ich in *Bethel* den Lobpreis geleitet, als mir bei einem spontanen Lobpreis eine Liedzeile in den Sinn kam. Bei Taufen begann ich, für die Teilnehmenden eine einfache Zusage zu singen: „His love never fails, it never gives up, it never runs out on me"*. Ich sang diese Worte immer wieder und sie fanden in der Gemeinde Anklang. Es war einer dieser seltenen Anbetungsmomente, in denen man weiß, dass man etwas singt, das Kraft hat. Nach diesem Abend griff ich in Anbetungszeiten oft auf diese Worte zurück. Jedes Mal, wenn ich diese Zusage sang, sprach sie die Menschen wirklich an.

Ich wollte diese Zeile immer in einem Lied verwenden und versammelte dazu eine kleine Gruppe von Songwritern. Ich lud Jeremy Riddle und Christa Black-Gifford ein, und innerhalb weniger Wochen hatten wir eine erste Version der Verse und des Refrains verfasst. Wochenlang arbeiteten wir an dem Lied, gingen es immer wieder durch und überarbeiteten es. Schließlich hatten wir es geschafft. Als wir es zum ersten Mal spielten, wussten wir, dass es etwas Besonderes war. Was in einem Augenblick spontaner Anbetung geboren worden war, war sieben Jahre später zu einem Song geworden, aber das Warten hatte sich gelohnt.

Wir stellten der Gemeinde die vollständige Version des Liedes vor und sie reagierte darauf genauso begeistert wie auf den Refrain. Während ich den Lobpreis leitete, musste ich daran denken, was Matt Redman immer sagte: „Wenn etwas im Lobpreis geboren wurde, springt der Funke normalerweise auch im Lobpreis der Gemeinde über."

Als wir „One Thing Remains" („Deine Liebe bleibt") fertigstellten, war das für mich ein wichtiger Moment. Bei der Gründung von *Bethel Music* hatte ich davon geträumt, gemeinsam mit anderen Musikern Songs zu schreiben. Wir hatten gehofft, im Label Songwriter aus den unterschiedlichsten Gemeinderichtungen

* In der deutschen Version des späteren Liedes „Deine Liebe bleibt": „Deine Liebe bleibt da und sie gibt mich nie auf und sie verlässt mich nie."

zusammenzubringen, um Lieder für die Gemeinde zu schreiben. Dieser Traum wurde nun endlich Wirklichkeit. Wir trugen die Ideen zusammen und bewiesen: Wenn man eine Vision konsequent verfolgt, wird man irgendwann sehen, welche kreative Energie in der Anbetung steckt. Ich begann, mich anderen auch mehr zu öffnen, und berichtete dem Leitungsteam der *Bethel Church* von den Erfolgen von *Bethel Music*. Da erst verstanden sie unsere Vision.

Wir schrieben weiter Songs. 2012 entschieden wir, unser nächstes Album zu veröffentlichen. Obwohl wir die meisten Lieder noch gar nicht geschrieben hatten, beschlossen wir, dieses Wagnis einzugehen. Mit nicht viel mehr als einer Idee holten wir das Team zusammen und begannen, Ideen zu sammeln. Wir waren uns alle einig: Wir wollten diesen einzigartigen Sound einfangen, den wir mit unserer Lobpreisgemeinschaft geschaffen hatten, einen natürlichen und unverfälschten Sound. Als wir die Texte und die Musik für das Album schrieben, entstand ein persönlicher, von Akustik bestimmter Sound. Er war so ganz anders als alles, was wir bislang gehört hatten, und als die Songliste sich allmählich zusammenfügte, wuchs unsere Begeisterung.

Schon nach wenigen Wochen gingen wir ins Studio und waren bereit, das Album aufzunehmen. Das Ganze kam uns wie ein großes Experiment vor. Eine Liveaufnahme ist nichts für schwache Nerven. Es war anstrengend, aber hier wurde etwas Besonderes geboren. Joel war der Projektmanager für das Aufnahme- und Filmprojekt und hatte nur zwei ehrenamtliche Praktikanten an der Seite. Und dann ging uns auch noch während des Projekts das Geld aus, weil das Ganze doch größer war als geplant und die Termine sehr ehrgeizig gesteckt waren. Aber auch wenn es wahnsinnig stressig war, versuchten wir, Raum zu schaffen, damit Gott wirken und uns unterbrechen konnte, wenn er das wollte. Es gab Momente, in denen wir Songs spontan tauschten, manchmal mitten in der Liveaufnahme. Dennoch versuchten wir nach wie vor, unverfälschte, authentische Lobpreismusik zu machen. Irgendwann stellten wir fest, dass unser Produzent den Sound nicht so aufnahm, wie wir uns das vorgestellt hatten. Also mischten Joel und ich uns ein und produzierten die meisten Songs, die wir schon aufgenommen hatten, neu. Was vorher bereits stressig gewesen war, entwickelte sich jetzt zu einem absoluten Chaos.

Während der Aufnahme von *The Loft Sessions* stand ich vor allem unter dem Druck, die Vision von *Bethel Music* nicht aus den Augen zu verlieren, mich für die Unverfälschtheit der Musik einzusetzen und Raum für die spontanen Momente zu lassen, die das Album zu etwas Besonderem machen würden. Gleichzeitig versuchten wir, das Projekt nach Plan durchzuführen und die Kosten im Auge zu behalten. Es war gleichzeitig aufregend und anstrengend, aber ich behielt diesen ganzen Stress für mich. Wenigstens dachte ich das, aber er wirkte sich trotzdem auf das Team, auf Jenn und die Kinder aus. Als wir die Aufnahme abgeschlossen hatten, kamen wir alle zusammen und hörten uns das Album an. Wir waren begeistert. Trotz der Schwierigkeiten und der Anstrengungen hatten wir das eingefangen, was wir uns erträumt hatten.

Und dennoch wuchs der Druck in meinem Inneren immer weiter.

*

Wir stellten *The Loft Sessions* fertig und veröffentlichten das Album 2012. Die Käufe schienen sich zu verselbstständigen. Die Menschen waren von der Musik begeistert und die Verkäufe des Albums übertrafen unsere Erwartungen bei Weitem. Ich hatte „One Thing Remains“ sowohl für unser erstes als auch für unser zweites Album aufgenommen, wodurch das Lied landesweit bekannt wurde. Und *Bethel Music* ebenfalls.

Kristian Stanfill rief an und wollte „One Thing Remains" für *Passion Music* aufnehmen. Wir waren völlig aus dem Häuschen. Monate später brachte er es heraus und es wurde noch bekannter. Der Song lief sogar im Radio. Freunde riefen mich an und erzählten, dass sie ihn in ihrer Gemeinde und auf Konferenzen auf der ganzen Welt sangen. Bekannte Lobpreisleiter schrieben mir und erzählten, dass sie ihn auf Großveranstaltungen spielten. Menschen aus aller Welt erzählten uns, dass dieses Lied ihr Leben verändert habe. Und das ist die größte Belohnung, die es für einen Songwriter gibt! Während wir die Erfahrungsberichte lasen, erkannte ich, dass Gott die Menschen wirklich durch ein einfaches Lied ansprechen und ihnen das Gefühl geben kann, geliebt zu sein.

2013 wurde „One Thing Remains" bei den 44. jährlichen *GMA Dove Awards* – eine Auszeichnung für christliche Musik – für das Lied des Jahres nominiert. Jenn und ich wurden gemeinsam mit Kristian Stanfill eingeladen, das Lied während der Show live zu spielen. Es war eine surreale Erfahrung, für einige der größten Musiker der christlichen Szene einen Worshipsong zu spielen. Und ein wichtiger Augenblick in unserem Leben. Jenn und ich waren von Gottes Treue schier überwältigt. Gott hatte mir bei einem spontanen Lobpreis den Refrain dieses Liedes geschenkt, und ein Team aus Songwritern hatte geholfen, den Rest des Liedes zu schreiben. Als ich an all das dachte, was hier zusammengekommen war, um diesen Augenblick möglich zu machen, empfand ich eine tiefe Dankbarkeit.

„One Thing Remains" wurde immer bekannter und schlug für *Bethel Music* eine Brücke: Es öffneten sich für uns neue Türen – wir konnten Kontakte zu anderen Songwritern, anderen Lobpreisbewegungen und Denominationen knüpfen und mit ihnen zusammenarbeiten. Lobpreisleiter, die die tollen Lieder geschrieben hatten, die ich jahrelang gesungen hatte, riefen jetzt an, um *mir* zu gratulieren und zu fragen, ob ich bereit wäre, mit ihnen zusammen Songs zu schreiben. So viele dieser Songwriter hatte ich schon seit Jahren bewundert. Alles lief so gut. Vielleicht ignorierte ich deshalb den Druck, der sich langsam, aber stetig aufbaute.

*

Es gab viele Schnittstellen zwischen meiner Arbeit bei *Bethel Music* und der Gemeinde, aber die Herausforderung, alles unter einen Hut zu bringen, wurde immer größer – und das, obwohl ich wusste, dass wir das bauten, was wir nach Gottes Willen bauen sollten. Wir hatten in den Jahren vor der Gründung von *Bethel Music* so viele prophetische Eindrücke erhalten, die mich eigentlich auf die Probleme hätten vorbereiten sollen, vor denen ein junger Leiter bei umwälzenden Veränderungen steht. Aber mir war nicht bewusst gewesen, dass es oft Widerstand gibt, wenn man etwas Neues erschafft, und dass die anderen die Vision nicht immer mittragen können, gerade wenn es darum geht, neue Wege einzuschlagen. Ich war davon überzeugt, dass die Dinge auf eine bestimmte Art und Weise gemacht werden sollten, und wenn das nicht der Fall war, verlor ich die Geduld. Die prophetischen Eindrücke schenkten mir leider nicht die Nachsicht, die ich für meine Arbeit brauchte.

Wir widmeten dem Label mehr Zeit und versuchten, unsere Aufgaben in der *Bethel Church* mit den Reisen, der Leitung des Lobpreises und der Vorbereitung unseres jährlichen Lobpreisseminars unter einen Hut zu bringen. Aber irgendwann brauchten wir eine Pause. Jenn und ich beschlossen, uns mit Freunden in einer Hütte in den Bergen zum Abendessen zu treffen. Wir waren auf halbem Weg zwischen Redding und unserem

Zielort, als die Textnachrichten eintrudelten. Einige Schlüsselpersonen unseres Teams, die fest für das Lobpreisseminar eingeplant waren, wurden in anderen Bereichen der Gemeinde benötigt. Mein Frust wurde immer größer und plötzlich war ich sauer.

Soll das ein Witz sein?!

Wir erklärten ihnen, dass sie bereits zugesagt hatten und dass es wirklich schwierig wäre, sie durch andere, weniger qualifizierte Musiker zu ersetzen. Ich führte das gleiche Gespräch, das ich schon so oft geführt hatte.

Als wir die Hütte erreichten, gestand ich Jenn, dass ich mich respektlos behandelt fühlte. Hatten wir diese Gespräche nicht schon tausendmal geführt? Nachdem wir jahrelang über dieses Thema gestritten hatten, standen wir jetzt erneut vor demselben Problem?

Ich sprach mit Jenn darüber, wie ich mich fühlte. Wenigstens sie verstand mich.

Ich schickte meinem Vater sofort eine Nachricht und beschrieb ihm die Situation, aber unsere Texte zeigten, dass wir hier verschiedene Ansichten vertraten. Es kam mir plötzlich so vor, als wären alle gegen mich. Ich hatte das Gefühl, dass ich dem, was hier geschah, nichts entgegenzusetzen hatte, und fühlte mich missverstanden. Dieses Gefühl war mir nur allzu vertraut. Ohne nachzudenken, tippte ich während unseres Austauschs Worte in mein Handy, die meinen Vater sicher verletzten.

Ich vertraue dir nicht.

Ich drückte auf „Senden“, dann las ich diese Worte noch einmal. Mein Vater war der beste Mensch, den ich kannte. Woher waren diese Worte gekommen? Ich erkannte plötzlich, dass mir gar nicht bewusst gewesen war, wie viel Schmerz und Verletzungen in mir gewesen waren. Ich kam mir plötzlich kindisch vor. Als ich diesen Text las, ärgerte ich mich über mich selbst. Ich machte mit meinem Vater das Gleiche, das ich hasste, wenn es jemand mit mir machte: Ich warf ihm mein emotionales Chaos vor die Füße und erwartete, dass er die Last schultern würde.

Wie kann ich von einem Menschen verletzt sein, der nie versuchen würde, mich zu verletzen?

Und auch wenn ich wusste, dass ich eigentlich keinen Grund dafür hatte: Ich fühlte mich verletzt und war wütend. Ich hatte keine Lust, noch länger zu versuchen, alles unter einen Hut zu bekommen oder für alles Verständnis zu haben. Ich wusste nicht, wie ich das alles schaffen sollte. Diese Worte haben meinem Vater sicher einen Stich versetzt, denn er schrieb sofort zurück und erkundigte sich, wo ich sei. Er schrieb, dass er vorbeikommen und meine Mutter mitbringen würde.

Wenig später waren sie da und ich machte meinen angestauten Gefühlen Luft. Ich hatte gar nicht geahnt, dass diese Gefühle in mir brodelten. Er ließ sich davon jedoch nicht beirren und erlaubte nicht, dass sie einen Keil zwischen uns trieben. Mein Vater hörte geduldig zu, während ich ihm von meiner Frustration, dem Gefühl, missverstanden zu werden, dem Druck, den fehlenden Grenzen und dem Schmerz erzählte. Ich sprach auch von meiner Vision und meiner Begeisterung für *Bethel Music*. Meine Worte kamen ungefiltert und ehrlich aus mir heraus. Die guten, aber auch die unangenehmen Gefühle – ich ließ alles heraus.

Natürlich hatte ich ihm schon vor diesem Abend in der Hütte gesagt, wie sehr mich das alles belastete. Aber er hatte nicht verstanden, wo ich Hilfe brauchte. Er entschuldigte sich und sagte, wie stolz er auf mich sei und auf das, was wir erreicht hatten. Mein Vater hatte nun verstanden, was wir aufzubauen versuchten, und er war dafür dankbar.

Zum ersten Mal seit Jahren fühlte ich mich wirklich verstanden. Ich war müde und litt unter der Situation und mein Vater ging verständnisvoll darauf ein. Einiges musste sich ändern, aber das Gespräch mit meinen Eltern hatte mir das gegeben, was ich so dringend brauchte: den Mut weiterzumachen.

Obwohl ich nach diesem Gespräch erleichtert war, wusste ich, dass ich noch mehr Gespräche würde führen müssen. Kommunikation war, wie gesagt, nicht gerade eine meiner Stärken, und ich wusste, dass sich das im Umgang mit unserem Team ändern musste. Deshalb sprachen Jenn und ich mit einem unserer „geistlichen Väter", Ray Hughes, der viele Jahre an unserem Lobpreisseminar unterrichtet hatte. Ich weiß nicht mehr viel aus dem Gespräch, aber irgendwann sagte er zu mir: „Gespräche sind nicht gerade deine Stärke. Deine Gefühle gehen hier zu oft mit dir durch. Wie wäre es, wenn du stattdessen einen Brief schreibst? Notiere dir einfach das, was du sagen willst und musst, und lies es vor." Und so nahmen Jenn und ich uns am Wochenende Zeit, um zu beten und den Brief zu verfassen. Darin schrieb ich nieder, wie es mir ging und was sich in Zukunft ändern musste.

Diesen Brief zu schreiben bereitete mir nicht gerade viel Freude. Aber es war falsch gewesen, dass ich nicht kommuniziert hatte, wozu wir meines Erachtens berufen waren und wie wir vorgehen sollten. Ich hatte gewollt, dass Gott für mich kämpfen würde, und war davon ausgegangen, dass er eingreifen würde. Aber in dieser Phase war es *meine* Aufgabe, deutlich zu kommunizieren, wozu wir meiner Meinung nach berufen waren.

Deshalb beschrieb ich in meinem Brief offen und ehrlich, wie es mir gerade ging. Ich hätte bestimmt einiges besser formulieren können, aber ich musste einen klaren Weg vorgeben.

Hier und da sprach ich auch eine sehr deutliche Sprache, aber ich wollte einfach die Vision für die Zukunft kommunizieren und erklären, warum wir welche Grenzen setzen mussten. Das führte zu einigen unangenehmen Reaktionen, aber es öffnete auch den Weg zu neuen Gesprächen und zu einer gemeinsamen Zukunft. Und es war der erste Schritt, wenn wir unsere Beziehungen zu Menschen retten wollten, die wir seit Jahren schätzten und die uns in leitenden Funktionen zur Seite standen.

*

Dieser Abend in der Hütte läutete eine neue Ära ein. Ich beschloss, anderen davon zu erzählen, was Gott durch *Bethel Music* alles in Bewegung gesetzt hatte, und gegenüber dem Leitungsteam der Gemeinde nicht länger so verschlossen zu sein. Ich wollte stärker in Beziehungen investieren und versuchen, nicht gleich das Schlimmste anzunehmen, wenn ich frustriert war. Und vor allem wollte ich in Zukunft häufiger darüber sprechen, wohin uns unser Weg als Lobpreisgemeinschaft führte. Dazu waren einige unangenehme Gespräche nötig, aber die Situation besserte sich spürbar. Ich wollte voller Zuversicht nach vorne schauen.

Wenn der äußere Druck nachlässt, redet man sich schnell ein, dass es einem auch innerlich gut geht. Ich hätte es damals nicht in Worte fassen können, aber heute weiß ich: Ich hatte meine Gefühle zu viele Jahre unterdrückt, um noch länger mit dem Druck und dem Stress fertigzuwerden. Mir war damals nicht bewusst, dass diese vergrabenen Emotionen nie ganz verschwinden. Stattdessen dachte ich, wenn ich gerade nicht frustriert oder verletzt sei, dann sei auch alles in Ordnung. Doch es gab weiterhin Bereiche, die ich nicht geklärt hatte. In Zukunft würden sich uns neue Türen öffnen, und während unsere Arbeit weiter wuchs, würde ich innerlich durch die neuen Herausforderungen noch stärker belastet.

Man sagt, dass die Zeit alle Wunden heilt. Ich weiß jetzt, dass die Zeit nur dafür sorgt, dass die Wunden eitern.

11

Brombeergestrüpp ausreißen

Es war wie ein Neuanfang. Wir begannen, mehr Leiter und Musiker zu fördern. Seit wir vernünftige Grenzen gesetzt hatten, lief es besser. Aber ich hatte mir im Laufe der Jahre bestimmte Verhaltensmuster angeeignet, Gewohnheiten und automatische Reaktionen, die nicht über Nacht verschwanden.

Je voller unsere Terminkalender wurden, umso hektischer, lauter und stressiger wurde es auch. Angesichts des wachsenden Lebenstempos brauchten Jenn und ich einen Rückzugsort für uns und unsere Kinder. Obwohl wir unser Haus wirklich liebten, begannen wir daher, uns nach einem größeren Grundstück umzusehen, auf dem wir eine kleine Farm gründen könnten.

Monatelang schaute Jenn sich nachmittags Grundstücke an, während Braden in seinem Autositz schlief. Sie suchte ganz Redding und Umgebung ab. Bei einer dieser Fahrten fand sie schließlich, was sie suchte. Sie rief mich im Büro an und erzählte, dass sie ein herrliches Grundstück im Osten der Stadt gefunden habe.

„Das Grundstück ist traumhaft! Die Bäume sind toll. Es ist ganz verwunschen“, sagte sie. „Insgesamt ist das Grundstück acht Hektar groß und man muss etwas Arbeit hineinstecken.“ Das Haus war zwar etwas heruntergekommen, aber sie meinte, mit einigen Renovierungsarbeiten könnte es genau so werden, wie wir es uns erträumten.

Ich ließ meine Arbeit stehen und liegen, sprang ins Auto und fuhr los, um mir das Haus anzusehen. Als ich in die Einfahrt bog, standen dort schon Jenn und Braden und warteten auf mich. Gemeinsam begannen wir, das Grundstück zu erkunden.

Das Gelände war mit Brombeersträuchern, Ranken und Gestrüpp überwuchert. Das Haus war völlig heruntergekommen, aber das Gelände war schön, und es hatte viel Potenzial. Überall, wohin ich schaute, sah ich Rehe und wilde Truthähne. Ich war begeistert von der Möglichkeit, auf meinem eigenen Land auf die Jagd gehen zu können.

Das Beste war jedoch, dass das Grundstück nur wenige Kilometer vom Gemeindezentrum entfernt war. Jenn und ich hatten uns immer eine kleine Farm gewünscht, und als wir uns auf dem Land umsahen, wussten wir, dass es perfekt für uns war. Wir hatten von einem Zuhause geträumt, in dem wir uns mit unserem Lobpreisteam treffen und Freunde aus aller Welt beherbergen könnten. Wir wussten, dass dies Teil von Gottes Plan für uns war. Ich konnte schon alles vor mir sehen: die Gemeinschaft, die Farm mit Tieren und viel Platz für unsere Kinder, die dort spielen und toben konnten. Dieses Land war unser Traumgrundstück. Das wussten wir sofort. Und wir wollten es unbedingt kaufen.

Ich bat einen Bauunternehmer, sich das Haus anzusehen. Wir gingen durch das Gebäude und sprachen über die Renovierungsarbeiten und einen Anbau. Es würde einige Zeit dauern, aber es sei machbar, sagte er. Ich fuhr nach Hause und sprach mit Jenn. Wir mussten nicht lange darüber nachdenken: Wir wollten es unbedingt kaufen.

Am nächsten Tag erzählte ich unserer Familie und unseren Freunden, dass wir ein Angebot für das Land abgeben wollten, und lud sie ein, es sich anzusehen. Sie folgten Jenn und mir zu dem Grundstück, gingen das Gelände ab und sahen sich das Haus an. Sie konnten das Potenzial sehen, aber sie hatten auch Bedenken. „Das Haus ist völlig heruntergekommen und das Gelände ist total mit Sträuchern und Hecken überwuchert", wandten sie ein.

Ich wusste, dass es viel Arbeit kosten würde, aber ich sah vor meinem inneren Auge schon, was daraus werden könnte. Das Grundstück war etwas ganz Besonderes. Daher tat ich ihre Bedenken ab und beschloss, dass dies das Grundstück war, auf dem wir unser Traumhaus errichten würden. In der folgenden Woche gingen wir zur Bank und stellten einen Kreditantrag. Obwohl es über neun Monate dauerte, bis alle Verträge unterschrieben waren, wurden wir schließlich Eigentümer dieses Stückchen Landes.

Wenige Tage nach dem Kauf begann die Baufirma mit der Arbeit. Drei Monate vergingen, dann sechs. Die Arbeiten kamen nur langsam voran. Die Hausrenovierung lag weit hinter dem Plan zurück, und das Budget war bereits überschritten. Immer mehr Rechnungen trudelten ein, obwohl ich nicht genau sagen konnte, was überhaupt gemacht worden war. Meine Frustration wuchs.

Während der endlosen Bauzeit kam Jenn von einer Konferenz in England zurück, auf der sie den Lobpreis geleitet hatte. Sie erzählte mir von einem eindrücklichen Erlebnis, das sie nach einer Lobpreissession gehabt hatte. Eine Frau hatte Jenn gefragt, ob sie für sie beten könne. Jenn hatte eingewilligt, da sie davon ausgegangen war, dass es ein schnelles Gebet werden würde.

Doch diese Fremde begann ein zweistündiges Gebet für innere Heilung!

Sie begann mit den Worten: „Ich habe das Gefühl, dass Gott mit dir über die vergangenen sieben Jahre deines Lebens sprechen will.“ Seit genau sieben Jahren kämpften wir mit den größten Herausforderungen in unserem Dienst! Jenn konnte spüren, dass Gott wirklich zu ihr sprechen wollte. Dann forderte diese Frau Jenn auf, Gott zu fragen, welchen Lügen sie auf den Leim gegangen war. Gott antwortete ihr sofort: „Du glaubst, du würdest nicht genug lieben und du würdest nicht gut leiten, denn sonst würde niemand aus eurem Team aussteigen.“ Jenn begann zu weinen, als ihr Gott durch diese Frau zeigte, dass das nicht stimmte. Ihr war nicht einmal bewusst gewesen, dass sie das glaubte, aber es klang logisch, und sie hatte es für wahr gehalten.

Dann sprach die Frau konkrete Situationen an, von denen sie nichts gewusst haben konnte. Sie forderte Jenn auf, sich mit den Situationen zu beschäftigen, in denen sie unbewusst nicht vergeben hatte. Sie half Jenn zu erkennen, dass sie manchmal aus einem inneren Schmerz heraus reagierte und wie dieser Schmerz Beziehungen beeinflusste. Jenn bereute ihr Handeln und vergab den betreffenden Personen. Danach fühlte sie sich unglaublich frei. Eine große Last war von ihren Schultern genommen. Sie erkannte, wie viel Extragepäck sie mit sich herumgetragen hatte, ohne sich dessen bewusst zu sein.

Während dieses Gesprächs ging es aber auch um mich. Sie erkundigte sich nach unserem neuen Haus – davon hatte Jenn ihr nichts erzählt – und sagte, dass sie das Gefühl habe, es sei ein Bild für mein Inneres. Jenn bat mich, diese Frau so bald wie möglich anzurufen, da sie hoffte, dass ein Gespräch mit ihr mir genauso helfen würde, wie es ihr geholfen hatte. „Es könnte dir für vieles die Augen öffnen“, fügte sie hinzu.

Obwohl ich von dieser Idee nicht gerade begeistert war, willigte ich ein und rief die Frau schon wenige Tage später an. Diese erzählte mir zunächst von ihrer Zeit mit Jenn. Sie wusste alles über das Haus, aber sie wollte von mir noch mehr darüber hören. Dann erkundigte sie sich, welcher Zusammenhang zwischen dem Grundstück und dem bestehe, was sich in meinem Leben gerade abspielte. Ich teilte ihr mit, dass ich das nicht so genau wüsste.

Sie ließ nicht locker und forderte mich auf, das Grundstück zu beschreiben. Ich sagte, dass überall Gestrüpp wachse, weil das Haus über zwei Jahre unbewohnt gewesen sei. Das Land war mit Gifteichen und Brombeersträuchern überwuchert, und ich erwähnte, dass es sehr aufwendig sein würde, das Gestrüpp und die Sträucher zu beseitigen. Aber trotzdem sei es ein besonderes Stück Land. Und auch wenn andere es nicht sehen könnten, wüssten wir, dass wir daraus etwas Schönes machen könnten.

Sie erkundigte sich nach meinem Leben, und ich erzählte ihr von den inneren Kämpfen, die erst vor Kurzem ans Licht gekommen waren. Sie kam wieder auf unser Land zurück und sagte, sie habe das Gefühl, dass es ein Bild für das sei, was bei mir passierte: Meine Innenwelt sei – bildlich gesprochen – mit Büschen, Gifteichen, Brombeersträuchern, Dornen und Ranken überwuchert. Sie betete für meine inneren Kämpfe und ermutigte mich, aktiv dabei mitzuhelfen, das überwucherte Land vom Gestrüpp zu befreien. Sie habe den Eindruck, dass diese äußere Arbeit den inneren Prozess widerspiegeln würde, den Gott in meinem Leben vollziehen wolle.

Am nächsten Morgen beauftragte ich einen kleinen Arbeitstrupp. Wir begannen, die Gifteichen auszureißen und nach einigen Wochen machten wir bei den Brombeersträuchern weiter. Wir trugen unzählige Haufen Gestrüpp zusammen, um es anschließend zu verbrennen. Die Arbeit kam nur langsam voran, aber nach einem Jahr nahm das Gelände langsam Formen an. Ich spürte, dass es etwas Therapeutisches hatte, dieses Gestrüpp und die Sträucher zu entfernen. Und schon bald sollte ich mich auch mit dem Gestrüpp in meinem Inneren auseinandersetzen.

*

Unser Land war eine einzige Baustelle. Wir hatten ein schönes Haus aufgegeben, um mitten auf dieser Baustelle zu wohnen. Als wir eines Morgens mit den Kindern in der Küche das Frühstück zubereiteten, konnten wir wegen des Lärms der Säge, der durch die Küchenwand drang, unser eigenes Wort nicht verstehen. Am Anfang konnten wir noch darüber lachen; wir hatten in diesem ganzen Chaos gute Tage und schlechte Tage. Aber dann vergingen vier Jahre und das Haus war immer noch nicht fertig. Überall auf dem Gelände und in unserem Haus liefen Bauarbeiter herum. Die behördliche Abnahme der einzelnen Bauabschnitte war ein einziger Albtraum. Die Renovierungsarbeiten zogen sich in die Länge, und die Kosten waren viel höher, als wir ursprünglich geplant hatten. Man hatte mir einen Zeitrahmen genannt und Kostenvoranschläge gegeben, aber offenbar waren das nur optimistische Einschätzungen gewesen. Der Druck wuchs und alles war wie ein Albtraum. Viele Bereiche des Hauses waren erst halb fertig. Wenn ich die Arbeiten kontrollierte, wuchs meine Frustration nur noch mehr. Wir bekamen keine eindeutigen Aussagen darüber, wie weit das Projekt fortgeschritten war, wann wir damit rechnen konnten, dass es abgeschlossen war, oder wie viel es am Ende kosten würde. Ich fühlte mich gefangen, wusste aber nicht, was ich dagegen tun konnte.

Da wir keine Ahnung hatten, wie lange eine Renovierung gewöhnlich dauert und wie sie normalerweise abläuft, rief ich kurz vor dem Ende einer Renovierungsphase meinen Freund Jason an, der auf diesem Gebiet Erfahrung hat. Ich bat ihn, mir zu helfen, das Projekt zu bewältigen. Er sagte zu und fuhr zum Haus. Dort führte er ein ernstes Gespräch mit dem Bauunternehmer: Kein weiterer Nagel durfte eingeschlagen werden, solange Jason sich die Baustelle nicht angesehen hatte.

Während er durch das Haus ging, rief Jason mich an. Es laufe nicht rund, sagte er. Wir bräuchten einen neuen Vertrag. Ich erkundigte mich, ob er sich darum kümmern könne. Er willigte ein. Einige Tage vergingen, dann legte Jason dem Bauunternehmer den neuen Vertrag vor. Wir brauchten einen Terminplan für die Fertigstellung, Beweise, dass die Baufirma alles dafür tat, dass wir die behördlichen Abnahmen bekamen, und eine verbindliche Kostenaufstellung. Nach diesem Gespräch akzeptierte der Bauunternehmer die Bedingungen und unterschrieb den Vertrag. Alles lief wieder nach Plan, aber die vier Jahre, die wir auf einer Baustelle gewohnt hatten, hatten bei mir deutliche Spuren hinterlassen.

*

Es war nicht nur der Stress im Büro und bei der Hausrenovierung. Ich hatte einen Finanzberater eingestellt und mittlerweile das Gefühl, dass er alles übertrieben kompliziert darstellte und sich ständig dafür entschuldigte, dass er mir irgendwelche wichtigen Unterlagen nicht vorlegte. Es war so vieles unklar, dass ich richtiggehend nervös wurde. Da ich nicht sicher war, was ich tun sollte, engagierte ich einen anderen Finanzberater und bat ihn, die Unterlagen durchzusehen und mir zu sagen, wie die Dinge standen.

Es dauerte einige Tage, bis er alles durchgearbeitet hatte, aber es zeigte sich, dass einige finanzielle Aspekte nicht so gehandhabt wurden, wie es sein sollte, und dass es möglicherweise gravierende Probleme gab. Er riet mir, unbedingt meine Bücher in Ordnung zu bringen.

Daraufhin schickte ich eine deutliche E-Mail an meinen baldigen Ex-Finanzberater, in dem ich ihm die Zusammenarbeit aufkündigte. Am Ende dieses Tages wurden meine Unterlagen einer neuen Agentur übergeben, und auch wenn eine Krise abgewendet werden konnte und ich jetzt jemanden hatte, dem ich vertrauen konnte, wuchs der Druck weiter. Und unglücklicherweise erreichten die Probleme mit dem Haus und die Schwierigkeiten mit meinem Finanzberater am selben Tag ihren Höhepunkt. Ich hatte das Gefühl, jeden Moment zu platzen.

*

Obwohl in meinem persönlichen Leben ein einziges Chaos herrschte, war das Team von *Bethel Music* kreativ und erfolgreich. Wir begannen die Arbeit an einem neuen Album, *Tides,* und hofften, den Akustiksound, den wir in *The Loft Sessions* entwickelt hatten, fortzuführen. Aber als wir an den Liedern arbeiteten, veränderte sich die Musik. Während der Produktion schlugen wir musikalisch neue Wege ein, was bei einer Liveaufnahme nicht möglich gewesen wäre. Doch dieses Herumexperimentieren warf uns wie immer in unserem Zeitplan zurück.

Wir waren bereit, dieses Risiko einzugehen, aber ich war mit dem Sound noch immer nicht ganz zufrieden. Die Produzenten leisteten unglaubliche Arbeit, aber ich wusste, dass wir die Musik noch ein wenig verbessern konnten. Es ist ein schmaler Grat zwischen hoher Qualität und Perfektion und ich bewegte mich oft auf diesem Grat. Ich wollte, dass die Produktion erstklassig war, aber mit meinen hohen Ansprüchen setzte ich das Team unter Druck. Und obwohl ich die Musik, die das Ergebnis dieses Strebens nach Exzellenz war, großartig fand, kostete sie ihren Preis.

*

Wir gaben *Tides* heraus und gingen mit dem Team auf Tournee. Obwohl unsere Einnahmen stiegen, waren wir immer noch knapp bei Kasse. Man sagte uns wiederholt, um wirklich erfolgreich zu sein, müssten wir vier bis sechs Wochen am Stück unterwegs sein. Aber wir hatten doch Familien, um die wir uns kümmern mussten!

Also stellten wir ein internes Tour- und Veranstaltungsteam zusammen. Wie fast immer war es sehr mühsam, alles zum Laufen zu bringen. Joel hatte gleich mehrere Aufgaben: Er war unser Bühnenleiter, war für die Ehrenamtlichen verantwortlich, buchte die Flüge und kümmerte sich um die Beleuchtung. Ich war Bandleader und für die Abstimmung mit unserem Tontechniker verantwortlich. Alle packten mit an, luden das Equipment ein und aus, und jeder stellte sich an den Verkaufsstand. Es war aufregend, aber auch anstrengend.

Wir hatten Freunde, die ebenfalls im Musikbusiness tätig waren, und konnten deshalb mit ansehen, welche Auswirkungen es auf Familie und Ehe hatte, wenn man ständig unterwegs war. Wir bemühten uns nach Kräften, dafür zu sorgen, dass unsere Familien nicht zu kurz kamen. Deshalb sorgten wir dafür, dass unsere Künstler wenigstens einen Teil ihrer Familie mitnehmen konnten, ohne dass ihnen dadurch zusätzliche Kosten entstanden.

Während wir gemeinsam unterwegs waren, wuchsen wir als Team enger zusammen. Nichts verbindet Menschen mehr, als wenn sie rund um die Uhr gemeinsam in einem Bus leben. Auf unseren Reisen geschah etwas Erstaunliches: Ich lernte unser Team aus Künstlern und Musikern besser kennen. Wir bauten Beziehungen auf, und ich verstand endlich, was sie antrieb. In der Vergangenheit hätte ich solche Beziehungen gemieden, da ich dachte, sie wären zu anstrengend. Aber als wir unterwegs waren, wurde mir bewusst, dass diese intensive Zeit mit anderen mich nicht so auslaugte wie früher. Im Gegenteil, sie schenkte mir neue Energie. Dadurch lernte ich, die Zeit im Bus mit dem Team zu schätzen, und war dankbar, dass sie uns so zusammenschweißte.

Die vielen Reisen und der musikalische Erfolg führten aber auch zu neuen Stressfaktoren. Als das Music Label, der Handel, die Einnahmen und die Ausgaben wuchsen, mussten Entscheidungen getroffen werden. Wir wollten an den richtigen Stellen investieren, was gar nicht so einfach war, da bei *Bethel Music* unzählige Dinge gebraucht wurden. Doch vor allem wollten wir auch Gott genügend Freiraum lassen, damit er uns führen konnte. Was einmal ganz klein angefangen hatte, entwickelte sich jetzt zu einem gut organisierten Unternehmen, mit all seinen Herausforderungen.

In den ersten Tagen von *Bethel Music* waren wir entspannter und reagierten spontaner. Das meiste lief auf der Beziehungsebene ab und wurde mündlich abgestimmt. Aber je größer das Unternehmen wurde, umso mehr erkannten wir, dass wir feste Strukturen brauchten. Wir mussten konkrete Entscheidungen in Bezug auf unsere Musik treffen, und wir mussten unsere Arbeitsbeziehungen in Verträgen festschreiben, damit wir alle das gleiche Ziel verfolgten und alle die gleichen Erwartungen hatten. Wir lernten hier einige schmerzhafte Lektionen und machten Fehler, aber wir wuchsen und lernten.

Wir bauten einen Musikverlag sowie Grafik-, Marketing- und Technikteams auf. Unser Tourteam organisierte zahlreiche Veranstaltungen auf der ganzen Welt, manchmal gleichzeitig, und wir richteten unser eigenes Aufnahmestudio ein. Dazu kam, dass wir für den Lobpreis in der Gemeinde verantwortlich waren. Zusätzlich bekamen auch unsere Lobpreisschule und unsere Online-Lobpreisseminare immer mehr Zulauf. Ich hatte mehr als genug zu tun. Erstaunliche Dinge geschahen, aber ich versuchte, auf allen Hochzeiten zu tanzen, und musste feststellen, dass das unglaublich kräftezehrend war.

Früher hatte ich es geliebt, neue Songs zu schreiben und den Lobpreis zu leiten, aber jetzt, da ich zusammen mit anderen ein Music Label leitete, musste ich mich immer mehr mit geschäftlichen Dingen auseinandersetzen. Jeden Monat hatte ich das Gefühl, schon wieder in eine neue Rolle schlüpfen zu müssen.

*

Je mehr Aufgaben ich übernehmen musste, desto schwerer wurde es für mich, das zu machen, was ich wirklich liebte: Lobpreissongs zu schreiben. Ich versuchte dennoch, Zeit fürs Liederschreiben einzuplanen, weil mir das neue Energie schenkte und Freude machte. Und ich bemühte mich nach Kräften, auch mit anderen Künstlern zusammenzuarbeiten. Selbst wenn ich nur kurz Zeit hatte – weil ich vor einer roten Ampel wartete, in der Kaffeeschlange stand oder in der Pause eines Geschäftsmeetings –, schickte ich der Person, die zusammen mit mir Lieder schrieb, Ideen. Egal, ob ich mit einem Mitglied unseres Teams zusammenarbeitete oder mit einem Freund aus einer anderen Lobpreisbewegung: Ich war fast immer derjenige, der bei einem Song die Bridge schrieb. Rückblickend ist das interessant, denn es war auch immer mein Ziel gewesen, eine Brücke zwischen allen Lobpreisern zu sein, und jetzt nahm ich diese Rolle oft durch das Songwriting wahr.

In dieser Zeit lag mein Smartphone auch immer auf dem Notenständer, wenn ich den Lobpreis leitete. Ich stellte nämlich fest, dass mir die meisten guten Ideen für neue Songs bei der Anbetung kamen, und ich wollte diese Ideen sofort aufnehmen können. Wenn mir spontan etwas einfiel und ich wusste, dass es Potenzial hatte, trat ich einen Schritt vom Mikro weg, nahm mein iPhone und summte die Melodie hinein, damit ich sie nicht vergas. Dann trat ich wieder ans Mikro und leitete weiter den Lobpreis. So entstand auch die Idee zu dem Song „Forever".

Eines Sonntagmorgens kam mir spontan eine Melodie in den Sinn und ich sang sie in mein iPhone. Später spielte ich sie Joel vor. Ich fragte ihn bei allen meinen Ideen nach seiner Meinung, denn er hatte ein gutes Gespür dafür, wann ein Lied Potenzial hatte. Und ihm gefiel die Melodie.

Ein Jahr später arbeitete Kari Jobe (jetzt Kari Carnes) mit Jenn und mir an zwei Songs; einer davon war „Forever". Nachdem ich den Chorus gesungen hatte, wollte ich gerade mal kurz den Raum verlassen, als ich sie eine Melodie summen hörte, die mich innehalten ließ. Ich bat sie, diese Melodie zu wiederholen, und nahm sie mit meinem Handy auf. Schlagartig wusste ich es: Das war die Melodie für die Strophen.

Als Kari abreiste, hatten wir das Lied noch nicht fertiggestellt, aber wir arbeiteten in den nächsten Monaten weiter daran. Anschließend gingen wir ins Studio, um es aufzunehmen. Allerdings gab es noch ein kleines Problem: Die Texte fehlten zum Teil noch. Aber wir hofften, dass die sich schon noch finden würden. Während wir im Studio waren, hatte einer der Produzenten aus heiterem Himmel eine Idee für die erste Strophe: „The moon and stars they wept" („Der Mond und die Sterne weinten"). Sie passte genau, und wir wussten, dass wir den fehlenden Text hatten. Genau das hatte dem Lied gefehlt. Nur wenige Minuten, nachdem wir „Forever" fertiggestellt hatten, nahmen wir den Song auf. Der Name, „Ewig", passte, denn es hatte gefühlt ewig gedauert, ihn zu schreiben.

Am darauffolgenden Sonntag spielten Jenn und ich das Lied in der Gemeinde. Als wir das Ende des Songs erreichten, begann Jenn, spontan und ohne es vorher geprobt zu haben, zu singen:

We sing alleluia
We sing alleluia.
We sing alleluia.
*The lamb has overcome.**

Sie sang diese Worte wieder und wieder, und wir konnten spüren, welche Kraft darin steckte. Obwohl wir davon ausgegangen waren, das Lied wäre fertig, wurde deutlich, dass dieser Teil noch in den Song integriert werden musste. Gleich nach dem Gottesdienst rief ich die Produzenten an und teilte ihnen mit, dass sie die Aufnahme vergessen könnten. Wir mussten das Lied mit der neuen Bridge noch einmal neu aufnehmen.

Monate später nahmen wir ein anderes Album auf, *You Make Me Brave*. Kari sollte eines der Lieder auf dem Album singen. Vor dem Soundcheck warfen Kari und ich die Pläne jedoch über den Haufen und beschlossen, dass sie stattdessen „Forever" singen sollte. Als sie das Lied zum ersten Mal sang, brach sie in Tränen aus. Wir lauschten gebannt, als sie es so authentisch und mit einer solchen Vollmacht sang. In diesem Augenblick war uns allen klar: Das war ihr Lied.

Dann folgte sogleich die Liveaufnahme, bei der sie es zum zweiten Mal sang. „Forever" war ein Lied, das in der Anbetung geboren, in der Anbetung beendet und in der Anbetung aufgenommen wurde. Obwohl es ein langer Prozess war, liebte ich es, wenn Songs auf diese Weise entstanden. Gott war ein Teil des Prozesses, und ich wusste nie ganz genau, was als Nächstes kommen würde.

*

* *Wir singen Halleluja. Wir singen Halleluja. Wir singen Halleluja. Das Lamm hat gesiegt.*

Als *Bethel Music* weiter wuchs, waren wir immer dafür offen, wenn Gott neue Künstler zu uns führte. Viele der Musiker wurden in unserer Lobpreisschule entdeckt, aber einige stießen auch durch Tourneen und Veranstaltungen zu uns. Doch selbst wenn ich die Suche nach neuen Künstlern wirklich liebte, gab es nichts, das mir so große Freude machte wie das Schreiben, das kreative Schaffen und die Zusammenarbeit mit anderen Musikern. Und ich war immer auf der Suche nach Menschen, denen es genauso ging wie uns, Menschen wie Jonathan und Melissa Helser.

Auf einer Tournee lernten wir Jonathan und Melissa kennen. Wir hatten uns auch schon ihr Album angehört. Es war emotional, ehrlich, authentisch, und man konnte spüren, dass ihr Herz für Gott schlug. Eines Abends kamen sie nach der Veranstaltung zu uns hinter die Bühne und wir unterhielten uns stundenlang. Wir verstanden uns auf Anhieb, und ich fragte, ob sie nicht Lust hätten, nach Redding zu kommen und gemeinsam mit uns Songs zu schreiben. Wochen später saßen wir vier an unserem Küchentisch und tauschten uns darüber aus, wie Lieder eine Gemeinde beeinflussen können. Sie verfolgten das gleiche Ziel wie wir: Sie wollten eine Anbetungsgemeinschaft aufbauen und die Welt durch Songs verändern. Während ich mir ihre Vision anhörte, sagte ich ihnen, dass die Gemeinde das brauche, was sie hatten: eine offene, leidenschaftliche Herangehensweise an Anbetung. Die Menschen mussten ihre Musik unbedingt hören.

Wir hatten die Arbeit an einem weiteren Sampler begonnen, *We Will Not Be Shaken*. Dieses Projekt wollten wir auf einem Berg aufnehmen, von dem aus man einen Blick über Redding hat. Es war uns ein Anliegen, dass das Album den Spirit unserer Gemeinde einfängt, ähnlich wie wir es bei *The Loft Sessions* gemacht hatten. Doch als wir das Produktionsteam darüber in Kenntnis setzten, teilte man uns mit, dass der Aufwand viel größer sei, als wir dachten, und dass es schwer sei, die Aufnahmen auf einem Berg zu machen. Es gab so viele Faktoren, die wir nicht in der Hand hatten. Ja, es war eine verrückte Idee, aber wir wussten auch, dass es toll wäre, wenn wir es schaffen könnten. Deshalb beschlossen wir, es zu versuchen.

Wir waren noch bei der Auswahl der Songs für das Album, als die Helsers uns ein paar unfertige Lieder schickten. Eine Aufnahme war nur ein Demo mit einer halben Strophe und einen starken Refrain: „I'm no longer a slave to fear. I am a child of God" („Ich bin nicht länger ein Sklave der Angst. Ich bin ein Kind Gottes"). Als ich diese Worte hörte, wusste ich, dass sie dieses Lied unbedingt für das Album aufnehmen müssten. Aber wie damals „Forever", so war auch dieser Song noch nicht fertig.

Ich saß stundenlang daran und fand schließlich eine Melodie für die Bridge. Diese schickte ich den Helsers, und wir begannen, uns über Ideen für den Text auszutauschen. Wie bei so vielen anderen Songs auch, arbeiteten wir bis zu letzten Minute an dem Lied. Die Zeit wurde knapp, aber zwanzig Minuten vor der Aufnahme hatten wir es fertig. Wir gingen ins Studio und nahmen es auf. Man konnte die Kraft dieses Songs regelrecht spüren. Von Anfang an wussten wir, dass er etwas Besonderes hatte. Er sprach die Menschen wirklich an und veränderte etwas in ihnen.

*

Das war eine gute Zeit, auch wenn die Tage mit unzähligen Aufgaben angefüllt und wahnsinnig anstrengend waren. Ich musste so vieles in den Griff bekommen: die Hochgefühle, die mit dem Schreiben und der Produktion neuer Songs einhergingen, den Druck, einen Dienst aufzubauen, die sich verändernde Dynamik im Team, unsere Hausrenovierung, eine Familie, Situationen, für die wir keine Lösungen hatten, die Leitung eines

Anbetungsteams mit über hundert Mitgliedern. In alledem musste ich meine eigene Rolle finden. Aber solange ich Songs schrieb, war ich für den Stress und den Druck blind. Ich dachte, wenn ich das nächste Projekt bewältigt hätte, würde der Druck ein wenig nachlassen. Aber es kamen immer wieder neue Projekte. Und selbst wenn man am Ende erfolgreich ist, verschwindet der Druck nicht. Auch wenn meine Familie mir noch so viel Freude bereitete, konnte das die ungelösten Probleme nicht lösen. Der Druck staut sich an, und wenn man sich nicht damit auseinandersetzt, bricht er irgendwann aus einem hervor.

12

Die Heimfahrt

Es war Herbst. Obwohl seit meinem Zusammenbruch bereits einige Monate vergangen waren, war jeder Tag ein Kampf. Ich gab alle Aufgaben ab, die ich nicht schon abgegeben hatte, aber die Panik ließ mich nicht los; sie lauerte weiter unter der Oberfläche. Ohne meine Medikamente war ich nicht in der Lage, die Tage zu überstehen. Sie halfen mir zwar, nicht zusammenzubrechen, aber ich war dadurch auch wie betäubt.

Jenn war unterdessen völlig erschöpft. Sie kümmerte sich in diesen Monaten allein um die Kinder. Sie weckte sie morgens, machte ihnen Essen, brachte sie zur Schule, erzog sie, brachte sie abends ins Bett und erledigte auch alles andere. Aber sie hatte nicht nur zu Hause meine Aufgaben übernommen. Sie vertrat mich auch im Büro. Sie nahm an allen Meetings teil, sprach mit Joel über Entscheidungen für das Label, verreiste im Rahmen unseres Dienstes und leitete das Lobpreisteam. Ich staunte, wie stark sie war. Trotzdem raubte diese Zeit ihr ihre Kraft. Am Ende jedes Tages sank sie völlig erschöpft ins Bett.

Eines Nachmittags sank sie zu Boden und fing an zu

schluchzen, dass sie nicht mehr könne. Daraufhin sprach Gott durch die Verse 26 bis 29 im 3. Kapitel der Klagelieder zu ihr: „Darum ist es das Beste, geduldig zu sein und auf die Hilfe des Herrn zu warten. Und es ist gut für einen Menschen, wenn er schon früh lernt, Schweres zu tragen. Wenn Gott ihm die Last auferlegt, soll er es annehmen und nicht aufbegehren. Demütig beuge er sich tief in den Staub, vielleicht gibt es ja noch Hoffnung für ihn." Und genau daran klammerte sie sich; alles würde gut werden. Aber das bedeutete nicht, dass ihre Akkus nicht leer waren und sie eine Pause brauchte. Vor allem brauchten wir eine gemeinsame Auszeit für uns als Paar. Wir mussten in Ruhe Zeit miteinander verbringen, um uns wieder näherzukommen.

Jenn schlug vor: „Lass uns für ein paar Tage nach Napa fahren. Vielleicht tut dir das gut ... vielleicht tut es *uns* gut."

Das war eine großartige Idee. Napa war unser Rückzugsort, der Ort, an dem wir uns gern entspannten. Er war nur drei Stunden von Redding entfernt. Dort gab es leckeres Essen und alles war atemberaubend schön. Napa gehörte zu unseren absoluten Lieblingsorten. Vielleicht würde es uns guttun, wegzufahren und Zeit für uns zu haben, dachte ich. Aus meinem Alltag herauszukommen könnte mir vielleicht ein wenig Entspannung bringen. Aber noch während ich an diese Fahrt dachte, war ich nicht sicher, ob ich sie ohne Panikattacke überstehen würde. Ich erinnerte mich an den Jagdausflug nach Pennsylvania, den ich erst vor zwei Wochen unternommen hatte. Ich hatte damals gedacht, dass mir dieser Ausflug guttun würde, aber ich hatte nicht ahnen können, wie dieser Ausflug verlaufen würde.

*

Einige Wochen bevor Jenn eine Fahrt nach Napa vorschlug, war ich mit meinem Freund Sean Feucht und meinem

Schwiegervater Ron zur Hirschjagd gefahren. Wir hatten den Ausflug bereits vor meinem Zusammenbruch geplant, und obwohl sich die Lage verändert hatte, wollte ich den Trip nicht absagen. Ich wollte etwas unternehmen, das irgendwie normal war, etwas, das ich liebte und das mir helfen könnte, mich von der Panik der letzten Monate abzulenken.

Also packten wir unsere Bögen und fuhren zum Flughafen. Im Auto unterhielten wir uns über angenehme Dinge. Doch als ich die Stufen zum Flugzeug hinaufstieg, fühlte ich, wie die Angst wuchs. Ich versuchte, dieses Gefühl abzuschütteln, und war fest entschlossen, so zu tun, als wäre nichts. Aber als ich durch den Mittelgang zu meinem Platz ging, ließen mich diese altvertrauten ungebetenen Gefühle nicht los. Ich wandte mich an Ron und machte etwas Smalltalk, da ich hoffte, dem Unvermeidlichen entgehen zu können, aber nichts änderte sich. Einige Minuten vergingen, doch ich hatte kein Wort von dem gehört, was er gesagt hatte. Ich bemühte mich, das zu überspielen, aber es half nichts. Ron wusste, wie es mir gerade ging; er wusste von der Panik, gegen die ich ständig ankämpfte. Deshalb gestand ich ihm schließlich, dass es mir im Moment überhaupt nicht gut gehe. Ich entschuldigte mich, griff in meine Tasche und nahm zwei Tabletten. Ich wusste, dass die Sache ohne diese Hilfsmittelchen nicht gut ausgehen würde. Daher schluckte ich die Tabletten ohne Flüssigkeit, lehnte mich zurück und schloss die Augen.

Ich überstand beide Flüge in einem ziemlich betäubten Zustand. Als wir endlich in Pennsylvania ankamen, war ich entmutigt. Die Panik wollte gar nicht enden, und ich fragte mich, ob sie mir denn alles rauben würde, sogar die Freude an der Jagd.

Ich schlief die ganze Nacht, wachte am nächsten Morgen früh auf und freute mich auf den ersten Jagdtag. Die Jagd gehörte zu den wenigen normalen Dingen, die ich in den vergangenen

Monaten gemacht hatte, und ich hatte beschlossen, dass ich mir diese Zeit nicht von der Panik und der Angst ruinieren lassen wollte. Ich würde diese Tage um jeden Preis genießen. Und das tat ich auch eine Weile.

Als ich am ersten Tag auf dem Hochsitz saß, fühlte ich mich so gut wie seit Monaten nicht mehr. Das war ein kleiner Hoffnungsschimmer. Der zweite Tag war wie der erste; ich fühlte mich fast normal. Aber als ich am letzten Abend auf dem Hochsitz saß und die Sonne unterging, breitete sich Erschöpfung in mir aus. Es war nicht die normale Müdigkeit, die man manchmal am Ende eines langen Tages verspürt. Es war eine tiefe Erschöpfung, die Art von Erschöpfung, die nicht nur körperlicher Natur ist. Ich schleppte mich zur Hütte zurück. Dabei wurde meine Erschöpfung immer stärker. Als ich endlich die Hütte sah, spielte mein Verstand verrückt. Ich spürte die Unruhe in mir, die so oft ein Vorbote meiner Panikattacken war.

Ich marschierte geradewegs in mein Zimmer und rief Jenn an, da ich hoffte, ein Gespräch mit ihr würde meine Nerven beruhigen. Ich versuchte, über Belanglosigkeiten zu sprechen, und erkundigte mich, wie ihr Tag gewesen sei. Sie hörte jedoch an meiner Stimme, dass etwas nicht stimmte. „Geht es dir gut?“, fragte sie. Ich versuchte, mich zu beherrschen, ich bemühte mich, nicht zu weinen, aber es half nichts. Unter Tränen sagte ich, dass ich das Gefühl habe, gerade zusammenzubrechen.

Das Lobpreisteam sei gerade bei ihr zu Hause, sagte Jenn. Sie wollte sie bitten, für mich zu beten. Später erfuhr ich, dass das Team stundenlang für mich betete. Die meisten Mitglieder des Teams beteten zu Hause die ganze Nacht für mich weiter. Und die Macht einer Gebetsgemeinschaft sollte man nie unterschätzen.

Ich sagte ihr, dass ich sie liebe, legte auf und drehte mich zur Tür herum. Ron und Sean standen dort. Sie hatten mein

Schluchzen gehört, ahnten, dass etwas nicht stimmte, und waren in mein Zimmer gekommen. „Die Panik ist wieder da“, sagte ich und bekam kaum Luft. Sobald ich diese Worte gesagt hatte, brach ich völlig zusammen. Ich kniete vor dem Bett und begann zu zittern. Ich vergrub den Kopf in meinen Armen, kalter Schweiß brach aus, ich schloss die Augen und versuchte, die Panik zurückzudrängen. Es war eine heftige Panikattacke. Ich brach zusammen und wusste, dass ich einen Arzt brauchte.

„Ich muss ins Krankenhaus“, sagte ich zu ihnen. „Bitte.“

„Das nächste Krankenhaus ist über eine Stunde entfernt. Ich habe das Gefühl, dass wir das ohne Ärzte bewältigen sollen. Wir kämpfen uns gemeinsam da durch“, erklärte Ron. Er legte die Hände auf meine Schultern und betete, während Sean seine Gitarre nahm und anfing, Lobpreismusik zu spielen und zu singen. Wie gern würde ich jetzt sagen, dass die Angst verschwand, sobald sie zu singen begannen, aber das geschah nicht. Im Gegenteil, sie wurde stärker. Als ich immer kurzatmiger wurde und mein Herz immer heftiger schlug, flehte ich sie an, mich ins Krankenhaus zu bringen. Aber sie taten es nicht.

Sie verstärkten ihre Gebete und ihren Lobpreis, während ich auf dem Boden kniete. Ich presste die Augen noch fester zu und wartete auf das erste Anzeichen von Linderung. Nach einer gefühlten Viertelstunde ließ die Panik allmählich nach. Sie war noch da und drückte schwer auf meine Brust, aber ich nahm Rons Gebete und Seans Lobpreis deutlicher wahr. Sie hatten nicht aufgehört. Sie standen das alles mit mir durch. Ich war beiden so dankbar.

Mein Körper zitterte nicht länger und ich konnte endlich den Kopf von meinen Armen heben. Frieden legte sich auf mich. Ich schaute Ron und Sean an und dankte ihnen, dass sie mir geholfen hatten, eine weitere Fahrt zum Krankenhaus zu vermeiden, und dass sie zu mir gehalten hatten. Ich legte mich ins Bett und schlief innerhalb weniger Minuten ein.

Als wir am nächsten Morgen unsere Sachen packten, um nach Hause zu fahren, sprachen wir über den vergangenen Abend.

„Mann, das war eine verrückte Nacht", meinte Sean.

Ich teilte ihm noch einmal mit, wie dankbar ich sei. „Es war einer dieser Augenblicke, in denen Lobpreis und Anbetung das Einzige sind, das diese Qualen durchbrechen und Linderung bringen kann."

Sean gab mir recht, fügte dann aber hinzu: „Ja, aber das war eindeutig ein langer Augenblick!"

„Ich verstehe nicht, was du meinst", sagte ich. „Meine Panikattacke dauerte doch nur ungefähr eine Viertelstunde."

Er schüttelte lächelnd den Kopf.

„Nein", sagte er. „Ich habe bis drei Uhr morgens gespielt, bis du endlich eingeschlafen bist."

Ich hatte stundenlang mit meiner Panik gekämpft? Wie hatten es Ron und Sean geschafft, die ganze Zeit mit mir wach zu bleiben? Sie hatten mich durch eine der dunkelsten Nächte meines Lebens getragen, genauso wie es mein Vater vor vielen Jahren oft getan hatte.

Wir flogen nach Redding zurück. Als ich wieder zu Hause war, schlenderte ich über unser Land. Überall waren Bauarbeiter, und ich war von den normalen Geräuschen, die unsere Kinder so machten, schier überfordert. Die Panikattacke hatte mir die Augen geöffnet, und ich erkannte: Die Medikamente heilten mich nicht. Sie konnten mich nicht heilen. Es wurde nicht besser und es war auch kein Ende in Sicht. Hoffnungslosigkeit legte sich wie eine schwere Decke auf mich. Ich verstand plötzlich, warum Menschen, die keinen anderen Ausweg mehr sehen, zu Drogen oder Alkohol oder irgendetwas anderem greifen, um den Schmerz zu betäuben. Ich verstand, wie jemand, der mit einem solchen inneren Aufruhr und Schmerz lebt, auf die Idee kommen kann, dass ihm keine andere Wahl bleibt, als sich das Leben zu nehmen.

Dennoch war ich in diesem Moment weiterhin überzeugt, dass Gott meine einzige Chance war. Ich wollte diese Panikattacken hinter mir lassen. Ich wusste, dass mich Gott durch diese Zeit hindurchtragen würde. Ich wusste nicht, wie, aber etwas musste sich ändern.

*

Nur zwei Wochen nach dem Jagdausflug beschlossen Jenn und ich, nach Napa zu fahren. Es sei eine gute Idee, sagte ich, auch wenn ich ein wenig unruhig war. Wir packten unsere Taschen und brachten die Kinder übers Wochenende zu ihren Großeltern. Wir freuten uns darauf, zu zweit zwei Tage an unserem Lieblingsort zu verbringen, wo uns leckeres Essen erwartete.

Die Fahrt verlief gut, und es war einfach schön, zusammen zu sein. Wir fuhren in eines unserer Lieblingshotels und stiegen aus dem Wagen. Wir kannten diesen Ort; hierher kamen wir immer, um uns zu entspannen und Zeit zusammen zu verbringen. Aber noch während ich ins Hotel ging, spürte ich den Druck in mir. Und ich wusste: An diesem Wochenende würde ich keinen Frieden finden.

Am ersten Abend gingen wir in eines unserer Lieblingsrestaurants. Ich versuchte, meine innere Unruhe zu ignorieren und das Essen zu genießen, aber es half nichts. Ich bemühte mich, mich zu entspannen und locker zu bleiben, aber ich konnte das Chaos in meinem Kopf und in meinen Gefühlen nicht zum Schweigen bringen. Ich versuchte, mich zu beherrschen und eine Sekunde nach der anderen zu überstehen. Aber nachdem ich mich durch das Essen gequält hatte, beugte Jenn sich über den Tisch, nahm meine Hand und sagte: „Komm, gehen wir."

Wir kehrten ins Hotel zurück und versuchten, uns einen Film anzusehen, aber die Angst war zu stark. In dieser Nacht fand ich keinen Schlaf. Schließlich ging ich bis zum Morgen immer wieder im Hotelzimmer auf und ab. Jenn blieb mit mir wach. Sie sagte, dass sie die Angst im Raum spüren könnte. Sie betete für mich und sagte mir, dass mit mir alles in Ordnung sei und dass ich es überwinden würde. Jedes Mal, wenn ich in dieser Nacht aufwachte, stand sie mit mir auf und schlief erst wieder ein, wenn ich eingeschlafen war. Später erzählte sie mir, dass sie meine Panik auf ganz neue Art erlebt hatte. Unsere erste Nacht in Napa war hart und die zweite Nacht war auch nicht besser.

Am Morgen unseres zweiten Tages forderte die Schlaflosigkeit ihren Tribut. Wir waren erschöpft, benommen und wackelig auf den Beinen. Wir wussten beide, dass wir hier nicht den Frieden finden würden, den wir uns erhofft hatten. Also beschlossen wir, früher nach Hause zurückzukehren. Wir packten unsere Taschen, luden sie ins Auto und brachen nach Redding auf.

Wir waren beide enttäuscht und frustriert, dass dieses Wochenende anders gelaufen war als geplant. Es war nicht das entspannte Wochenende gewesen, das wir uns gewünscht hatten. Während der ersten Etappe der Rückfahrt schwiegen wir. Keiner von uns wollte die Hoffnungslosigkeit, die wir beide fühlten, laut aussprechen. Wir hatten alles versucht und nichts hatte sich geändert. Ich war in mir selbst gefangen. Ich suchte verzweifelt nach Antworten und hatte das Gefühl, es würde nur noch schlimmer werden.

Jenn brach schließlich das Schweigen. Sie sagte, ihr sei nicht bewusst gewesen, wie schlimm meine Angst nachts werden konnte, und ich gestand ihr, dass ich normalerweise versuchte, sie nicht zu wecken, wenn diese Attacken über mich hereinbrachen. Sie trug schon jetzt so viel Verantwortung und ich wollte sie nicht auch noch nachts belasten. Die Zeit in diesem kleinen Hotelzimmer hatte ihr einen Eindruck davon gegeben, wie schlimm es wirklich war.

Mir war schwer ums Herz, und meine Gedanken waren finster, während wir einige Minuten schweigend weiterfuhren. Dann begann Jenn, mir Fragen zu stellen. Sie erkundigte sich nach den Dingen, die mich früher verletzt hatten. Wir hatten uns schon über Situationen unterhalten, in denen ich verletzt gewesen war, und ich hatte gedacht, ich hätte die Frustrationen und die negativen Emotionen längst verarbeitet. Ich bin fest davon überzeugt, dass Gott uns innerlich heilen kann, und war sicher, dass ich jeden Bereich aufgearbeitet hatte, in dem ich nicht vergeben hatte. Aber jetzt war es anders. Ich fühlte mich in die Ecke gedrängt. Das ermöglichte es mir endlich, meine Vergangenheit in einem neuen Licht zu sehen.

Ich hatte nicht den Eindruck, dass Gott spürbar bei uns im Wagen saß, aber ich ahnte trotzdem, dass dies ein entscheidender Moment war. Gott gebrauchte Jenn und sie verhalf mir zu einer tiefen inneren Heilung. Sie forderte mich auf, Gott zu bitten, mich an den Namen eines Menschen zu erinnern, dem ich vergeben musste. Im gleichen Augenblick kamen mir mehrere Namen in den Sinn. Ich sprach sie laut aus. Einige dieser Personen waren naheliegend gewesen; diese Namen hatte ich erwartet, weil es hier in der Vergangenheit Konflikte gegeben hatte. An andere Namen hätte ich nie gedacht; diese Personen verband ich nur mit banalen Verletzungen. Aber mir wurde bewusst, dass ich ihnen vergeben musste.

Jenn ließ nicht locker. Sie betete und forderte mich auf, ihre Worte zu wiederholen. Sie half mir, ungelöste Konflikte, unbewussten Groll und verborgene Bitterkeit zu bekennen. Schließlich erkannte ich, wie viel Schmerz ich noch in mir getragen hatte, Schmerz, von dem ich keine Ahnung gehabt hatte, und ich erkannte, dass ich mit dem Thema „Vergebung“ noch lange nicht durch war. Es gab Situationen, die ich jetzt mit deutlicher Klarheit sehen konnte; Verletzungen, von denen ich keine Ahnung gehabt hatte und die ich loslassen musste.

Als ich begann, diese Bitterkeit zu bekennen, als ich die Namen laut aussprach, erkannte ich, welche Rolle ich bei einigen dieser Konflikte gespielt hatte. Ich hatte vermeintlich unwesentliche Entscheidungen getroffen oder Dinge getan, die mir damals unbedeutend erschienen waren. Ich hatte mich zu wenig mitgeteilt oder war Konflikten aus dem Weg gegangen. Ich erkannte, wie wichtig diese Dinge doch waren. Als wir beteten, wurden die Probleme, die ich unter den Teppich gekehrt hatte, hervorgeholt und von allen Seiten beleuchtet. Gott zeigte mir, wie wichtig ihm diese Dinge waren.

Ich hatte gedacht, dass es am besten wäre, wenn ich diese Gefühle ignorierte, aber jetzt erkannte ich, dass ich unter dieser Last zusammenbrach. Diese Dinge hatten meine Beziehung zu anderen Menschen, zu mir selbst und zu Gott beeinträchtigt. Jetzt zeigte Gott mir, dass ich sie in Ordnung bringen musste.

Jenn sprach Gedanken aus, die ihr in den Sinn kamen, und fragte nach konkreten Personen und Situationen aus meiner Vergangenheit. Dann erkundigte sie sich, ob die Worte für mich eine bestimmte Bedeutung hatten. Und jedes Mal war das der Fall. Schließlich erkannte ich, wie viel Vergebung ich noch brauchte und auch selbst gewähren musste.

Verbitterung und mangelnde Vergebungsbereitschaft sind nichts anderes als Sünde. Ich musste Gott hier meine Schuld bekennen. Wenn ich diesen Zusammenbruch überwinden wollte, musste ich alles vergeben. Und genau das tat ich auch. Ich wollte ein anderes Leben führen und verspürte plötzlich echte Hoffnung. Es kam mir so vor, als wäre meine Seele rein. Gott hatte diese Erfahrung benutzt, um mich darauf vorzubereiten, ihm auf völlig neue Weise zu begegnen und zu dienen.

Als die Angst abnahm, spürte ich mich innerlich ganz frei. Wir unterhielten uns während der restlichen Fahrt weiter und die Atmosphäre im Auto wurde unbeschwerter. Gott war in meiner dunkelsten Stunde zu mir gekommen und hatte mir seinen Frieden geschenkt. Ich war nicht sicher, wie ich diesen Frieden bewahren konnte, aber ich hatte den überwältigenden Eindruck, dass ich mich auf das Wort Gottes konzentrieren sollte.

Als wir vor unserem Haus vorfuhren, wusste ich, dass ich meine Stille Zeit in Zukunft anders gestalten sollte. Ich wusste tief in mir, dass das für meine Heilung von entscheidender Bedeutung war. Daher beschloss ich, die nächste Phase meines Lebens ganz an Gott abzugeben und mich intensiver mit seinem Wort zu beschäftigen. Noch während ich diese Entscheidung traf, wusste ich, dass dies der Schlüssel dazu war, nicht nur heil zu werden, sondern auch heil zu bleiben. Ich wollte mein Leben Gott auf eine Weise anvertrauen, wie ich es bis zu diesem Zeitpunkt nicht getan hatte. Das war der entscheidende Unterschied.

Als ich mit Jenn das Haus betrat, merkte ich, dass sich etwas verändert hatte. Die Angst war immer noch da, aber sie war bei Weitem nicht mehr so stark. Obwohl ich befürchtete, dass die Panik zurückkehren könnte, war das Gefühl der Hoffnungslosigkeit verschwunden. Ich hatte eine neue Klarheit gewonnen. Ich hatte das Licht am Ende des Tunnels gesehen. In diesem Moment erkannte ich etwas: Der Krieg war gewonnen, auch wenn die Schlacht immer noch nicht vorbei war.

Ich atmete ein, so tief wie seit Monaten nicht mehr. Ich schaute Jenn an und brach dann in Tränen aus. Und sie weinte ebenfalls. Wir wussten es beide: Wir würden gewinnen.

Mit dieser Rückfahrt aus Napa hatte sich alles verändert. Ich hatte immer gewusst, wie wichtig es ist, Zeit mit Gott zu verbringen und dass ich mich mit seinem Wort beschäftigen soll, aber Gott hatte mir klargemacht: Sein Wort würde mir wieder auf die Beine helfen und mir neue Kraft schenken. Das Bibellesen war nicht mehr nur eine gute Idee oder eine wichtige fromme Regel. Es war das fehlende Glied, das, was ich für meine Heilung brauchte, die einzige Möglichkeit, wie ich wieder mehr Stabilität in mein Leben bringen konnte.

Meine Verzweiflung war irgendwann so groß geworden, dass ich an einen Punkt kam, an dem nichts half: Medikamente nicht, weniger Arbeit nicht, Jagdausflüge und mehr Zeit mit Jenn nicht. Ich hatte keine andere Wahl, als mich voll und ganz Gott neu anzuvertrauen. Als ich den dunkelsten Punkt erreicht hatte, begegnete er mir. Er hielt mich davon ab, wieder in das Loch zu fallen und noch tiefer darin zu versinken. Ich erkannte die Wahrheit: Wir sollten es als ein Geschenk betrachten, wenn Gott der Einzige ist, von dem wir uns Rettung erhoffen.

13

Sich täglich Gott anvertrauen

Diese Heimfahrt schenkte mir neuen Mut, und ich erkannte, dass ich meine Verletzungen endlich verarbeiten musste. Obwohl ich wusste, dass nicht Gott mir die Panikattacken schickte, wurde mir klar, dass er auch durch sie etwas Gutes bewirken konnte. Ich wusste, dass Gott am Werk war, und ich wollte mich nicht länger dagegen sträuben. Ich wollte nicht länger versuchen, meine Panik mit Medikamenten zu betäuben. Ich wollte diese Situation aus der Hand geben, mein Leben neu Gott unterstellen und darauf vertrauen, dass er mich führte.

Ich schöpfte neue Hoffnung und begann an diesem Abend zu planen, wie es weitergehen sollte. Entschlossen stellte ich meinen Wecker auf 5:15 Uhr. Ich schlief in dieser Nacht tief, und als der Wecker klingelte, war ich bereit. Ich stand auf und ging zu meinem Ledersessel. Vor Kurzem hatte ich eine neue Bibelübersetzung geschenkt bekommen und beschloss, in dieser Bibel zu lesen. Ich wollte mit einer neuen Bibel anfangen, auf deren Seiten noch nichts markiert war und keine Notizen standen, um eine neue Sicht der Dinge zu bekommen.

Als ich darin blätterte, fragte ich mich, welche Kapitel und Verse ich an diesem Morgen zuerst lesen sollte. Von Beginn an machte Gott mir bewusst, dass meine Stille Zeit mit ihm anders sein würde als früher und dass es nicht darum ging, eine bestimmte Anzahl von Versen oder Kapiteln zu schaffen. Es ging nur um eines: Zeit mit Gott zu verbringen, mit ihm Gemeinschaft zu haben.

Ich sollte es langsam angehen lassen. Schließlich war das Bibellesen kein Wettrennen. Es ging darum, jeden Teil des Gelesenen zu mir sprechen lassen. Ich schlug das Johannesevangelium auf und begann, auch wirklich jedes Wort ganz langsam zu lesen. Dabei sprangen mir die Worte regelrecht entgegen. Ich fühlte mich Gott ganz nah. Er zeigte mir den Weg und in diese Richtung sollte ich gehen. Ich war völlig zufrieden damit, mich auf diese friedliche Verbindung und die Entdeckung von Gottes Wort einzulassen. Ich konnte es nicht erklären, aber ich wusste, dass ich auf dem richtigen Weg war.

Es ging mir nicht darum, irgendetwas zu *bekommen*, und ich wollte auch nichts *schaffen*. In diesen Momenten verspürte ich nicht den Wunsch, eine Leistung zu erbringen. Ich hatte das Gefühl, dass es nur um Gott und mich ging, und ich bekam einen Vorgeschmack darauf, wie es einmal im Himmel sein wird. Ich bin ein Mensch, der sich so sehr von Zielen bestimmen lässt, dass es bei meiner Stillen Zeit mehr um Quantität als um Qualität gegangen war. Aber jetzt konnte ich ohne Druck Zeit mit Gott verbringen.

Ich dachte über das Gelesene nach und blieb in diesem Sessel sitzen, bis die Kinder wenige Stunden später in die Küche kamen. Dann ging ich zur Espressomaschine, um Jenn einen Kaffee zu kochen. Als sie in die Küche kam, erzählte ich ihr, was ich erlebt hatte. Ich sah ihr an, dass auch sie neue Hoffnung schöpfte.

Ich hatte an diesem Tag nichts zu tun, deshalb arbeitete ich hauptsächlich am Haus. Ich ließ es langsam angehen und befasste mich mit den Worten, die mir Gott gegeben hatte. Sobald die Kinder eingeschlafen waren, ging ich an diesem Abend ins Bett. Mir wurde bewusst, dass ich einen ganzen Tag überstanden hatte, ohne mir ein einziges Mal Sorgen darüber zu machen, dass ich wieder eine Panikattacke bekommen könnte. Und auch wenn ich nicht behaupten kann, dass die Bedrohung nicht da gewesen wäre, hatte die Panik nicht gesiegt. Ich kannte zwar theoretisch die Bibelstelle, in der es darum geht, dass wir unseren Geist durch das Wort Gottes erneuern sollen, aber in diesen Momenten erlebte ich es am eigenen Leib. Endlich hatte mich die Panik nicht überrollt, und das war für mich ein großer persönlicher Erfolg.

Am nächsten Morgen weckte mich der Wecker wieder um 5:15 Uhr. Ich stand auf und war gespannt, wohin mich Gott heute führen würde. Ich spürte seine Nähe. Ich schlug meine Bibel auf und wieder sprangen mir die Worte förmlich entgegen. Gott gab mir genau das, was ich für diesen Tag brauchte, während ich über die Verse nachdachte und sie auf mich wirken ließ. Ich wusste, dass Gott mir hier zu verstehen gab, dass es in dieser Phase meines Lebens um nichts anderes ging. Ich war im Einklang mit dem Willen Gottes, und ich empfand einen Frieden, der trotz der lauernden Panik unbeschreiblich stark war. Frieden trotz Panik – das ist schwer vorstellbar, aber er war da, und angesichts dieses Friedens fiel es mir gar nicht schwer, mich Gottes Willen unterzuordnen.

Ich lernte ganz neu, was Lebensübergabe wirklich bedeutet. Im Laufe des Tages dachte ich an das kommende Jahr und spürte, wie mich Gott daran erinnerte, dass ich bewusst in der Gegenwart leben sollte. Er forderte mich auf, nicht an das nächste Jahr, an den nächsten Monat und auch nur an den nächsten Tag zu denken. Er gab mir genug Gnade – aber nur für den heutigen Tag. Ich ließ diese Wahrheit auf mich wirken und konnte den Frieden spüren, der über mich kam, als ich mich darauf konzentrierte, ganz in diesem Augenblick zu leben.

Morgen für Morgen machte ich dieselbe Erfahrung. Ich saß in meinem Ledersessel, schlug die Bibel an der Stelle auf, an der ich am Vortag zu lesen aufgehört hatte, und las weiter. Es war eine schier übernatürliche Erfahrung. Gott gab mir die Worte, die ich für den vor mir liegenden Tag brauchte. Mit diesen Worten gingen eine unerklärliche Gnade und ein unbeschreiblicher Frieden einher. Die Bibel wurde für mich regelrecht lebendig. Gott bereitete mich durch meine Stille Zeit darauf vor, jeden Tag erfolgreich zu bestreiten. Gleichgültig, wo ich am Vortag zu lesen aufgehört hatte, ich las jeden Morgen genau das, was ich für diesen Tag brauchte. Und wenn ich abends im Bett lag, konnte ich zurückblickend sehen, wie vertrauenswürdig Gott gewesen war.

Ich dachte an die Jahre zurück, in denen ich von den großen prophetischen Eindrücken gelebt hatte, die von den bevorstehenden Monaten und künftigen Jahren gesprochen hatten. Aber als ich anfing, mein Leben wirklich von einem Tag auf den nächsten zu führen, erkannte ich, dass wir es nur dann auch über Wochen, Monate und Jahre erfolgreich bewältigen, wenn wir uns täglich von Gott das geben lassen, was wir brauchen. Gott erinnerte mich an das, was im Vaterunser steht: Unser *tägliches* Brot gib uns heute. Ich begriff, dass ich oft genügend Brot für die ganze Woche, den ganzen Monat oder das ganze Jahr haben wollte. Aber mein Versuch, ständig in der Zukunft zu leben, hatte mich um die Gnade gebracht, jeden Tag gut zu leben.

Im Verlauf der Woche behielt ich diesen Rhythmus bei. Jeden Morgen führte Gott mich genau zu den Stellen in seinem Wort, die ich für diesen Tag brauchte. Es war jeden Tag ein wenig anders. Manchmal war es ein Vers; manchmal war es ein Thema; manchmal war es nur ein Gefühl. Es ging nicht darum, die Bibellese auf eine bestimmte Weise, nach einem festen Schema zu machen. Es ging darum, dass ich täglich Zeit in meine Beziehung mit Gott investierte.

Zum ersten Mal seit Monaten wusste ich, dass ich die Angst besiegen würde. Mein Verstand war so klar wie seit Wochen nicht mehr. Und obwohl ich immer noch die Medikamente gegen die Angst nahm, wollte ich nicht, dass sie noch länger Teil meines Lebens waren. Ich fürchtete mich nicht länger davor, mich mit dem Gedanken zu beschäftigen, sie abzusetzen. Ich wollte einfach nicht mehr darauf angewiesen sein.

Am Ende der ersten Woche ließ ich mir einen Termin bei einer Ärztin geben. Eine Woche später saß ich in ihrer Praxis. Ich erzählte ihr von meinem Durchbruch und erklärte, dass ich die Medikamente so bald wie möglich absetzen wollte. Sie hörte mir zu. Als ich ihr mein Napa-Erlebnis geschildert hatte, erklärte sie: „Sie hatten einen Nervenzusammenbruch. Bis jetzt haben Sie Ihrem Geist nicht das gegeben, was er zur Selbstheilung braucht. Es klingt zwar so, als hätte Gott eingegriffen und etwas getan, trotzdem müssen Sie es aber langsam angehen."

Sie kontrollierte meine Medikamente und die Dosis. „Sie nehmen ein sogenanntes Benzodiazepin", sagte sie. „Das ist ein Medikament, das Patienten mit Angststörungen, schwerer Panik und Phobien verschrieben wird. Es wird verabreicht, um die Nerven vor einer Operation zu beruhigen, damit sich die Patienten nicht generell gegen Anästhetika wehren. Dieses Medikament soll einen Zusammenbruch verhindern. Aber andererseits ist dieses Medikament auch dafür bekannt, dass es zu körperlicher Abhängigkeit, Missbrauch und Sucht führen kann. Es gehört zu den stärksten Benzodiazepinen. Wer es regelmäßig einnimmt, gewöhnt sich immer mehr daran. Dieser

Gewöhnungseffekt führt wiederum oft zu einer Erhöhung der Dosis, was die Patienten meistens auf eigene Faust machen."

Das beschrieb genau meine Erfahrung. Je länger ich dieses Medikament eingenommen hatte, umso mehr hatte ich nehmen müssen, um die Angst zu bekämpfen. Sie schwieg einen Moment und gab mir Zeit, diese Informationen zu verarbeiten.

Dann erklärte sie mir, es könnte schwer werden, ich könnte es aber durchaus schaffen. Allerdings konnte ich das Medikament nicht von einem Tag auf den anderen absetzen, da ich sonst Entzugserscheinungen riskierte. Wenn ich es nicht richtig machte, könnten die Panikattacken stärker als vorher werden. Ich musste mir Zeit lassen.

Dann erstellte sie einen Plan zur Reduktion der Medikamentendosis. Sie verschrieb mir etwas anderes, etwas, das weniger abhängig machte, das aber die Angst unterbinden würde, während ich mich von meinen Tabletten entwöhnte. Ich nahm das Rezept und den Plan und verließ hoffnungsvoll die Praxis.

Ich begann, meine Tablettendosis langsam zu reduzieren. Ich spürte die Wirkung des Medikaments immer noch, aber etwas hatte sich verändert. Die Panik lauerte nicht mehr hinter jeder Ecke und meine Welt brach nicht mehr über mir zusammen.

*

Eines Tages besuchte mich Kris Vallotton. Er erzählte mir, dass er vor fast zehn Jahren ebenfalls einen Nervenzusammenbruch erlitten hatte. Damals hatte ihm ein Buch weitergeholfen. Er reichte mir ein Exemplar von Lucinda Bassetts *From Panic to Power**. Ich dankte ihm dafür und versprach, dass ich es lesen würde.

* *Angstfrei leben: Das erfolgreiche Selbsthilfeprogramm gegen Stress und Panik.* Beltz, 2019

Es handelt sich dabei nicht um ein Selbsthilfebuch, in dem es darum geht, dass man seine Panik mithilfe von Freude und Dankbarkeit überwindet. Vielmehr beschreibt es die wissenschaftlichen Fakten einer Panikattacke – das, was tatsächlich geschieht, wenn die Angst hochkommt und man das Gefühl hat, die Kontrolle zu verlieren. Lucinda Bassett legt dar, dass Panik im Grunde eine Reaktion des Gehirns ist, das versucht, den Körper vor langfristigem Schaden zu bewahren. Es ist seine Art, den Körper ruhigzustellen, damit die Gefühle ihn einholen können. Während ich es las, begann ich, vieles zu begreifen. Ich hatte nicht den Verstand verloren. Im Gegenteil, mein Körper tat genau das, was er tun sollte: Er versuchte, mir eine Botschaft zu übermitteln.

Ich brauchte nur auf meinen Körper zu hören, das viel zu schnelle Tempo aus meinem Leben herauszunehmen und Gott zu erlauben, das Tempo zu bestimmen, genauso wie er es bei meiner Zeit der Stille am Morgen machte. Diese Erkenntnis war für mich ein großer Trost. Die Botschaft, die Gott mir vermittelt hatte – entschleunige dein Leben, weil ich dir nur so viel Gnade gebe, wie du für heute brauchst –, war wissenschaftlich bestätigt worden. Gott wusste genau, was mein Körper brauchte, und er gab mir Informationen, die das bestätigten.

*

Ich saß in meinem Wohnzimmer und sah gerade fern, als sich eine neuerliche Panikattacke ankündigte. Zunächst wollte ich in die Küche laufen und eine Tablette nehmen, um die Panik zu betäuben. Aber ich wusste, dass ich mich auf die Angst einlassen musste.

Ich legte mich mit ausgestreckten Armen und Beinen mitten ins Wohnzimmer und schloss die Augen. Verwundbarer konnte ich mich in diesem Moment nicht machen. In diesem

Augenblick hatte ich vor nichts mehr Angst als davor, mich so verwundbar zu machen. Ich fühlte, wie die Panik immer stärker wurde. Alles in mir wollte eine Tablette schlucken, damit dieser Zustand aufhörte. Ich erkannte jedoch, was diese Angst in Wirklichkeit war: ein Abwehrmechanismus meines Körpers. Ich wusste, dass er versuchte, mir eine Botschaft zu vermitteln:

Bleibe ruhig. Lauf nicht weg. Hör zu.

Das war ein entscheidender Moment, ein Moment, in dem Gott tun konnte, was nur er zu tun vermag. Obwohl mich die Panik wellenartig überrollte und mich in die Tiefe zu ziehen drohte, blieb ich auf dem Boden liegen. Ich sagte mir immer wieder, dass die Panik aufhören würde, dass mein Körper diese Stoffe, die die Panik auslösten, ja nicht ewig produzieren könne. Ich machte mir bewusst, dass Gott mich durch diese Panik hindurchtragen würde. Und genau das tat er. Als ich dachte, ich könnte dieses Gefühl nicht noch länger verkraften, fühlte ich, wie Gott mich anrührte, mich trug und mir seinen Frieden schenkte. Nach nur wenigen Minuten verging die Panik und ich hatte Frieden. Dieser Sieg war für mich wichtig. Er war nur möglich, weil ich mich in diesem Moment vertrauensvoll auf Gott verließ.

Ich war endgültig auf dem Weg der Besserung.

*

Ich hatte meinen Nervenzusammenbruch nicht an die große Glocke gehängt; nur einigen engen Freunden hatte ich davon erzählt. Doch jetzt hatte ich das Gefühl, dass ich auch dem Lobpreisteam und den Mitarbeitern bei *Bethel Music* Einblick darin geben sollte, was sich in meinem Leben ereignet hatte. Beim nächsten Gemeinschaftsabend mit unserem Lobpreisteam erzählte ich, was in den vergangenen Monaten passiert war. Ich war ziemlich emotional und weinte fast die ganze

Zeit. Ich fühlte mich so verwundbar, als ich erzählte, wie beängstigend und gleichzeitig befreiend es ist, wenn du an einen Punkt kommst, an dem Gott deine einzige Hoffnung ist. Ich bat sie, für meinen weiteren Heilungsprozess zu beten. Mir war bewusst, dass es zu diesem Zeitpunkt wichtig war, die Gemeinschaft einzubeziehen. Jenn und ich wollten beide, dass ihre Gebete uns in dieser Zeit Kraft schenkten.

Dass ich bereit war, mich so verwundbar zu machen, war für unser gesamtes Team ein wichtiger Meilenstein. Wir bekamen wieder ein neues Bewusstsein dafür, warum wir das machten, was wir machten: Es ging um Gottes Gegenwart. Wir taten tolle Dinge und entwickelten uns als Team weiter; wir hatten so viel Dynamik. Aber es kann leicht passieren, dass wir in der Hektik des Erfolgs das eigentliche Ziel aus den Augen verlieren. Wir mussten uns neu ausrichten und darauf achten, dass die Hauptsache wieder die Hauptsache war.

*

Einige Wochen vergingen und auf Anweisung der Ärztin reduzierte ich meine Dosis um weitere 25 Prozent. Die nächsten Tage überstand ich ohne Zwischenfall. Ich hatte keine Panik- oder Angstattacken. Im Gegenteil, ich fühlte mich so frei wie seit Langem nicht mehr. Ich war endlich wieder in der Lage, auf Jenn und die Kinder einzugehen. Wir verbrachten einen schönen Urlaub, und es tat so gut, in der Gemeinschaft mit anderen wieder ganz präsent zu sein.

Ich hatte auch mehr Energie als vor meinem Zusammenbruch. Die kleinen Fehler oder auch normale Dinge, die mich früher verrückt gemacht hatten, störten mich jetzt nicht länger. Nach nur zwei Monaten hatte ich alle Medikamente abgesetzt. Ich fühlte mich von Gott getragen. Und ich wusste, dass auch mein Geist heilte. Meine Ärztin sagte, dass es unglaublich sei, wie schnell ich die Medikamente hatte absetzen können.

Obwohl ich nicht länger auf meine Tabletten angewiesen war, war es wichtig, dass ich mich weiter mit Gottes Wort befasste. Jeden Tag erlebte ich Gottes Gnade aufs Neue. Jeden Tag bekam ich mehr Frieden, Klarheit und Hoffnung. Ich verstand, was Paulus meinte, als er in seinem Brief an die Philipper schrieb: „Alles kann ich durch Christus, der mir Kraft und Stärke gibt“ (Philipper 4,13).

Jetzt, da ich wieder klar denken konnte, erkannte ich, dass die Medikamente nur eine Krücke gewesen waren. Sie hatten mir anfangs geholfen, und ohne sie hätte ich es nicht geschafft, aber ich hatte mich im Laufe der Zeit immer mehr darauf verlassen, dass sie den Schmerz und die Panik betäubten. Ich hatte sie benutzt, um die tieferen Verletzungen zu kaschieren. Auf der Rückfahrt von Napa waren mir die Augen geöffnet worden, und ich erkannte, dass ich nur die Symptome behandelt hatte, statt der Ursache für die Panik auf den Grund zu gehen.

Und so geht es doch vielen von uns: Wir benutzen Krücken, um unseren Schmerz zu betäuben. Das können Medikamente oder Alkohol sein, aber auch Nahrung oder Pornografie oder Geld und gesellschaftlicher Status. Manchmal benutzen wir sogar gute Dinge auf die falsche Weise, wie Sport, Beziehungen, unseren Beruf oder Hobbys. Wir betäuben uns immer mehr und ignorieren den Schmerz, aber wenn der Schmerz nicht behandelt wird, kommt es zu einer Infektion. Diese Art von Infektion vergiftet uns von innen heraus. Und niemand bleibt von dieser Vergiftung verschont.

Es gibt Zeiten, in denen jeder eine Krücke braucht. Es gibt Zeiten, in denen Medikamente uns einen gewissen Halt oder zumindest vorübergehend Linderung geben können. Aber Krücken sind kein Dauerzustand. Letztendlich müssen wir diese

Krücken wegwerfen und lernen, ohne sie zu gehen. Und das war auch bei mir nicht anders: Ich lernte, den Schmerz zuzulassen und ihn mit Gottes Hilfe zu verarbeiten und mich mit der eigentlichen Ursache auseinanderzusetzen. Gott wollte mir vollständige Heilung schenken. Er wollte mich vollständig von innen heraus erneuern.

Für mich begann der Weg der Heilung, als ich auf der Rückfahrt von Napa die Wurzeln der Bitterkeit und der mangelnden Vergebungsbereitschaft ausriss. Auf dieser Fahrt hatte ich mein Aha-Erlebnis, durch das ich endlich erkennen konnte, dass ich dringend etwas an meiner Stillen Zeit mit Gott verändern musste. Aber ich wusste auch, dass das Gespräch mit Jenn und das Bekenntnis meiner Schuld nicht die einzigen Schritte waren, die ich unternehmen musste.

Als Gott mich durch sein Wort heilte, wurde mir klar, dass unangenehme Gespräche auf mich zukamen, zu denen ich jetzt aber bereit war. Jenn und ich vereinbarten Treffen mit Personen, mit denen es immer noch ungelöste Probleme gab. Vor jedem dieser Gespräche war ich nervös, aber nie bekam ich Panik. Ich weinte viel, konnte mich aber verwundbar zeigen. Wir begegneten einander mit Verständnis und konnten wichtige Beziehungen wieder neu aufbauen.

Und wir verpflichteten uns, in Zukunft unsere Beziehungen anders zu gestalten. Ich wollte mich nicht länger zurückziehen, wenn ich mich missverstanden fühlte. Ich würde die Dinge sofort ansprechen und sagen, wie es mir damit ging. Die anderen versprachen das Gleiche. Ich wollte gesunde Beziehungen bauen. Das brauchte ich für meinen eigenen Seelenfrieden.

Als wir diese Beziehungsprobleme lösten, erlebte ich, dass Vergebung selten etwas Stilles ist. Um die volle Kraft der Vergebung zu erleben, muss man über die Verletzungen sprechen und sie verarbeiten. Versöhnung will gesucht, erarbeitet und erkämpft werden.

Rückblickend ist mir bewusst, dass keiner von uns böse Absichten verfolgt hatte. Keiner von uns hatte vor, den anderen zu verletzen. Wir gaben alle unser Bestes. Wir mochten uns. Wir mochten uns auch jetzt noch. Nur versperrten uns unsere Verletzungen und Probleme manchmal den Weg. Wenn ich ehrlicher zu mir selbst gewesen wäre, wenn ich mit meinen Verletzungen offener umgegangen wäre, hätten jahrelange Missverständnisse vermieden werden können.

Aber es geht gar nicht darum, Verletzungen zu vermeiden. Gott kann auch durch Verletzungen etwas bewirken. Das habe ich selbst erlebt. Er benutzte meinen Zusammenbruch, um mir meine Grenzen aufzuzeigen. Ich verliebte mich jeden Tag mehr in Gott und in andere Menschen. Und ich machte die Erfahrung: Gott ist bis zum Ende treu.

*

In den Monaten nach Napa hat sich alles verändert. Der schmerzhaftesten Zeit meines Lebens folgte etwas Schönes und Hoffnungsvolles. Und obwohl nicht Gott mir diese monatelange lähmende Panik gesandt hatte, hat er diese Zeit benutzt und darin gewirkt.

Wie wirkt Gott durch unseren Schmerz? Wie benutzt er ihn? Ich habe es damals nicht verstanden, und ehrlich gesagt, bin ich nicht sicher, ob ich es jetzt verstehe. Aber ich habe erkannt, dass keine meiner Bemühungen, den Schmerz, den Druck und die Anspannung zu unterdrücken, geholfen haben. Erst meine völlige Hingabe an Gott hat mir Frieden gebracht.

Schmerz hat bei Gott nie das letzte Wort. Er hat ihn zugelassen, um mir meine Grenzen aufzuzeigen. Brian Simmons sagt: „Das Herz, das keine Schuld auf sich lädt, wird Gott immer besser kennenlernen." Genau das hat Gott bei mir getan: Er hat mein Herz erneuert, damit ich ihn immer besser kennenlernen kann.

*

Monate nach meiner letzten Panikattacke kam ich aus dem Badezimmer in die Küche. Die Kinder saßen am Tisch und frühstückten. Jenn stand an der Spüle. Sie schaute mich lächelnd an und sagte: „Brian, du singst!"

„Und?", antwortete ich. Ich verstand nicht, was sie meinte.

Sie lachte. „Daran, ob du zu Hause singst oder nicht, erkenne ich immer, wie gut es dir geht", meinte sie. „Außer beim Lobpreis habe ich dich seit Monaten nicht mehr singen hören."

Ich dachte über diese Bemerkung nach. Für sie war mein Gesang ein Gradmesser dafür, wie es mir ging; auf diese Idee wäre ich selbst nie gekommen. Als ich darüber nachdachte, erkannte ich, dass sie recht hatte. Mir ging es gut. Ich hatte inneren Frieden gefunden.

14

Wenn Gott spürbar in unserer Leben hineinkommt

Ich stand zwischen Braden und Jenn auf der Bühne. Die unsichtbare Hand, die mir am Fluss die Luft abgeschnürt hatte, war verschwunden. Die Last, die mich niedergedrückt, die Panik, die mich ins Krankenhaus gebracht hatte, das alles war fort. Der Druck, den ich so viele Jahre mit mir herumgetragen hatte, war nicht länger da.

Ich spürte grenzenlose Freiheit und konnte Gottes Nähe fühlen. Ich verbrachte jeden Morgen meine Zeit mit Gott. Er gab mir durch sein Wort täglich, was ich brauchte. Von ihm bekam ich die Gnade, auf die ich Tag für Tag angewiesen war.

In den Monaten meiner Genesung achtete ich darauf, dass sich nicht wieder irgendetwas in mir aufstaute. Wenn es stressig wurde, wenn ich unter Druck stand oder von jemandem verletzt wurde, nahm ich mir die Zeit, diese Dinge bewusst wahrzunehmen und sie mit Gott zu besprechen. Manches musste ich auch wirklich nur mit Gott klären. Aber es gab auch Situationen, in denen ich die Probleme mit Freunden, Mitarbeitern oder auch mit Jenn besprach und wir sie gemeinsam klärten.

Ich hatte gelernt, dass es wichtig ist, Probleme sofort anzusprechen, um ihnen keine Chance zu geben, zu wachsen und Missverständnisse nach sich zu ziehen.

Gleichzeitig ist es wichtig, dass ich zuhöre, wenn jemand mich wegen eines Problems anspricht. Wenn ich selbst das Problem verursacht habe, bemühe ich mich, es zu lösen und die Verantwortung für meine Schuld zu übernehmen. Durch meine tägliche Zeit mit Gottes Wort, durch seine Vergebung und das Stehen zu meinen Fehlern und Schwächen habe ich Frieden gefunden.

Ich hatte seit Monaten nichts mehr geschrieben, aber als ich innerlich heil wurde, kamen auch die Lieder zurück. Gott segnete mich aufs Neue beim Songwriting. Melodien fielen mir aus heiterem Himmel ein. Ja, es war Arbeit, aber es fühlte sich nie wie Arbeit an. Diese Lieder, in denen es um Hoffnung und Gottes Zusagen ging, waren so mit Leben erfüllt. Sie spiegelten die Lebensphase wider, in der ich mich befand. Ich fühlte mich richtig lebendig, als ich anfing, mit Freunden zusammenzuarbeiten. Ich schrieb Songs auf der Grundlage der Erfahrungen, die ich mit Gott gemacht hatte. Ich wusste ja, dass er mich dazu geschaffen hat, um Lobpreislieder für die Gemeinde zu schreiben. Und ich wollte, dass auch andere erlebten, was es bedeutet, wenn Gott uns Gnade und Hilfe schenkt. Ich wollte weitergeben, was mir so wichtig war.

*

Ich hatte noch nicht öffentlich von meinen Erfahrungen erzählt. Viele in *Bethel* wussten zwar, dass in meinem Leben etwas passiert war, aber ich hatte nicht berichtet, was genau ich durchgemacht hatte. Einige Wochen zuvor hatte mein Vater mich gefragt, ob ich meine Geschichte erzählen würde. Ich wusste, dass dieser Schritt dran war. Als ich zum Hocker ging, der mitten auf der Bühne stand, war ich nicht nervös oder ängstlich. Ich fühlte mich in Gottes Barmherzigkeit völlig geborgen.

Ich wusste, wie viel Kraft in meiner Geschichte steckte.

Gott hatte mich geheilt.

Ich ließ meinen Blick über die Gemeinde gleiten. Ich schaute nach rechts, sah Braden neben Jenn sitzen und lächelte. Er winkte. „Hey, Braden", sagte ich und winkte zurück.

Braden war in meiner dunkelsten Stunde bei mir gewesen. Er hatte bei einer meiner schlimmsten Panikattacken neben mir im Auto gesessen, auch wenn ihm das nicht bewusst gewesen war. Ich liebe diesen Jungen. Stolz erfüllte mich, als ich daran dachte, dass unsere Kinder meinen Kampf miterlebt, aber nie die Hoffnung verloren hatten. Jetzt waren sie hier und hörten, wie ich meine Geschichte erzählte. Ich erinnerte mich an den Moment, in dem alles anfing, an den Moment, in dem ich ihnen in die Augen geschaut und gesagt hatte: *In solchen Momenten kommt Gott spürbar in unsere Lebenswirklichkeit hinein.* Sie hatten mich an meinem Tiefpunkt erlebt. Nachdem ich monatelang nur mühsam überlebt hatte, wurden sie jetzt Zeugen, wie Gott mich heilte und mir einen Neuanfang schenkte. Wie er unserer Familie einen Neuanfang schenkte. Und dieser Erfolg war ein Teil unserer Geschichte mit Gott geworden.

Ich schaute die Leute an und begann mit meiner Geschichte. Ich erzählte alles. Ich hatte völlig unter Stress gestanden, erzählte ich. Ich hatte weder meinen Gefühlen Beachtung geschenkt, noch mir eingestanden, wenn ich verletzt war. Ich hatte Konflikte ignoriert und die weitreichenden Folgen, die das hatte. Ich hatte versucht, so zu tun, als könnte mir das nichts anhaben, und hatte einfach weitergemacht. Aber bei alledem hatte sich eine mangelnde Vergebungsbereitschaft in mir breitgemacht.

„Wir sagen gern: Ein richtiger Mann weint nicht. Ein richtiger Mann ist stark", sagte ich. „Ein richtiger Mann gibt nicht zu, dass er verletzt ist und leidet. Aber das ist falsch. Gott hat uns dazu geschaffen, den Schmerz zu fühlen und ihn zu ihm zu bringen. Jesus hat das auch getan. Er fühlte den Schmerz und legte ihn dem Vater zu Füßen."

Ich holte einen roten Luftballon aus meiner Tasche und dehnte ihn dreimal.

„Dieser Luftballon ist wie unser Herz. Wenn schmerzhafte, stressige Dinge passieren, baut sich Druck auf."

Ich blies den Luftballon ein wenig auf.

„Wir sind nicht dazu geschaffen, diesen Druck über einen längeren Zeitraum auszuhalten. Wir sind dazu geschaffen, ihn zu Gott zu bringen und diese Dinge abzugeben."

Ich nahm den Ballon und blies ihn so weit wie möglich auf. „So viele von uns versuchen aber, dem Stress und dem Schmerz in ihrem Leben aus dem Weg zu gehen, ihn zu betäuben oder so zu tun, als könnte er ihnen nichts anhaben." Ich schaute in die Runde. „Und dann passiert es eines Tages." Ich ließ den Ballon platzen.

„Genau das ist mir passiert", sagte ich. „Nachdem ich jahrelang den Stress und den Schmerz in mich hineingefressen hatte, platzte etwas in meinem Leben."

Ich erzählte, wie der Stress und die Anspannung gewachsen waren. „Es geschieht immer wieder einmal, dass Menschen durchdrehen. Das geschieht aber nicht, weil sie das wollen", fuhr ich fort, „sondern weil sie den Druck nicht länger aushalten. Das sollen sie auch gar nicht. Ich habe es erlebt. Niemand kann die Last der mangelnden Vergebungsbereitschaft und des Stresses allein tragen. Niemand."

Ich sprach über die Bewältigungsmechanismen, die ich im Laufe der Jahre entwickelt hatte, dass ich den Schmerz und die Konflikte ignoriert und einfach noch mehr gearbeitet hatte. Ich hatte versucht, mich vor dem Schmerz zu schützen, indem ich mich von Menschen zurückgezogen hatte oder von dem, was mich unter Stress setzte. Aber diese Bewältigungsmechanismen halfen nicht. Im Gegenteil, sie erhöhten den Druck noch weiter.

„Es kommt der Punkt, an dem man den Stress nicht länger leugnen und den Schmerz nicht länger betäuben kann. Wenn die Bewältigungsmechanismen nicht mehr funktionieren, sollten wir das als Geschenk betrachten. Betrachtet es als Geschenk, wenn Gott der Einzige ist, der euch noch helfen kann."

Ich sprach weiter und ermutigte meine Zuhörer, die Krücken abzulegen, mit denen sie ihren Schmerz zu betäuben versuchten. „Lasst den Schmerz zu", riet ich. „Bringt ihn zu Gott. Ihr werdet erleben, dass er treu ist."

*

Nach dem Gottesdienst fuhr Jenn mit den Kindern nach Hause, ich blieb noch eine Weile und sprach mit den Leuten. Viele erzählten mir, dass ihnen mein Zeugnis geholfen hatte, und baten um Gebet. Als ich an diesem Abend nach Hause fuhr, wurde mir bewusst, dass das öffentliche Erzählen meiner Geschichte der letzte Schritt in meinem Heilungsprozess gewesen war. Alle wichtigen Erkenntnisse in Bezug auf Vergebung, Schmerz und Druck hatte ich durch monatelange tägliche Zeit mit Gott und die manchmal unangenehmen Gespräche bekommen, die nötig gewesen waren.

Ich bog in unsere Straße ein und dachte an die Tage zurück, an denen ich nicht einmal in der Lage gewesen war, das Haus zu verlassen, weil alles so erdrückend gewesen war. Obwohl ich mich immer noch an die Belastung erinnern konnte, obwohl es immer noch manchmal stressig war, hatte ich gelernt, mich an Gott festzuhalten. Denn dann hatte das Chaos keine Macht über mein Leben. Ich hatte gelernt, besser mit anderen zu kommunizieren. Ich hatte gelernt, wie wichtig Gottes Wort für mein Leben ist. Die unkontrollierbare Panik war völlig verschwunden. Ja, das Ganze war ein Prozess, der sich täglich in mir vollzog. Aber Gott half mir immer mehr, mein Leben so zu führen, wie er es liebevoll für mich geplant hatte.

Ich dachte an die Menschen, die an diesem Abend in der Gemeinde gewesen waren. Es hatte ihnen geholfen, dass jemand sagte: „Ich habe auch zu kämpfen." Uns allen hilft es, wenn wir wissen, dass wir nicht allein sind, dass wir nicht die Einzigen sind, die zu kämpfen haben. Wir alle brauchen Hoffnung. Wenn Gott mir in den vergangenen Monaten etwas geschenkt hatte, dann Hoffnung.

Als ich in die Zufahrt zu unserem Haus einbog, sah ich die Lichter in den Fenstern. Als ich durch die Tür trat, kam Braden auf mich zugelaufen und drückte mich fest. Ich umarmte ihn und empfand so viel Dankbarkeit. Ich freute mich auf unsere nächste Eidechsenjagd.

Der Druck, der auf mir gelastet hatte, war verschwunden, die Panik gehörte der Vergangenheit an. Ich spürte nichts als Frieden. Ich hatte eine gefühlte Ewigkeit gebraucht, um an diesen Punkt zu kommen, aber ich würde diese Reise gegen nichts auf der Welt eintauschen. Diese dunkle Zeit hatte mir die Augen dafür geöffnet, dass es einen besseren Weg gibt. Die Dunkelheit war dem Licht gewichen. In der Dunkelheit hatte Gott sich als treu erwiesen. In der Dunkelheit war Gott für mich real geworden.

Dank

Jenn. Ich liebe dich. Ich staune immer wieder über deine Stärke und deine Leidenschaft und darüber, wie sehr dein Herz für Gott brennt. Du hältst unerschütterlich an Gottes Treue und an seinen Verheißungen für uns beide fest. Du teilst meine Vision und bist mit mir jeden Schritt des Weges gegangen.

Haley, Téa, Braden und Ryder. Ihr seid die größten Geschenke, die ich je bekommen habe, und erfüllt mich jeden Tag aufs Neue mit tiefem Dank. Ihr sorgt dafür, dass mein Herz fest verankert bleibt, und bereitet mir unglaublich viel Freude. Eure Mutter und ich beten jeden Tag für euch. Wir freuen uns so sehr darüber, dass ihr in Einklang mit dem lebt, was Gott für euch bereithält.

Mom und Dad. Ab dem ersten Augenblick, als bei mir im Alter von sieben Jahren diese Phase begann, hat mich euer fester Glaube an Gottes Güte gehalten. Durch euch hatte ich die Gewissheit, dass er mich auch wieder von meiner Angst befreien würde. Die Ereignisse haben euren Glauben nie ins Wanken gebracht. Eure unerschütterliche Hingabe an diese Wahrheit hat das Leben von unzähligen Menschen verändert. Euer Durchhaltevermögen, eure Demut und euer unermüdliches Festhalten an Gott inspirieren mich jeden Tag.

Joel Taylor. Du hast mich immer unterstützt. Du kennst unsere Träume und hast geholfen, sie Wirklichkeit werden zu lassen. Du hast unbeschreiblich viel gestemmt. Ich weiß, dass wir ohne dich nicht da wären, wo wir heute sind.

Jason Borneman. Du hast so viel Freude in unser Leben und so viel Lachen in unser Haus gebracht. Du hast meinen Weg verstanden und Frieden gebracht, als ich ihn am meisten brauchte. Du bist ein echter Freund.

Holly Brunson. Wir wissen beide, dass dieses Buch nicht geschrieben worden wäre, wenn du mich nicht ermutigt hättest, die richtigen Worte zu finden und den Mut aufzubringen, meine Geschichte zu erzählen. Nur wir beide wissen, wie viele Stunden und Textüberarbeitungen wir hinter uns haben. Du hast mir geholfen, meine Geschichte in Worte zu fassen, als ich schon fast aufgegeben hatte. Danke, dass du mich dabei unterstützt hast, meine Geschichte auf diesen Seiten zum Leben zu erwecken. Du hast die Puzzleteile gesucht und gefunden und sie zusammengefügt.

Kris und Kathy Vallotton. Ihr seid vor mir einen schweren Weg gegangen und hattet den Mut, ihm bis zum guten Ende zu folgen. Danke für die kritischen Momente, in denen ihr mir Hoffnung gebracht habt, und dass ihr in einer Zeit, in der ich keine Kraft hatte, meine Kraft wart.

Seth Haines. Danke für deine Unterstützung bei der Entstehung dieses Buches! Dein Wissen und deine Hilfe waren unschätzbar wertvoll.

Bethel Music Community. Ihr seid die Erfüllung so vieler prophetischer Eindrücke, die Jenn und ich in den vergangenen 25 Jahren bekommen haben. Eure persönliche Hingabe und

Treue zu Gott inspirieren und bewegen mich. Gott hat uns ein wunderbares Team geschenkt! Ich bin so stolz auf euch, weil ihr mit so großer Leidenschaft alles tut, damit die Menschen Gott erleben und ihm begegnen.

MIX
Papier aus verantwortungsvollen Quellen
FSC® C014496

This book was first published in the United States by
Bethel Book Publishing with the title *When God Becomes Real*.
Translated by permission.

1. Auflage 2020
Bestell-Nr. 817624
ISBN 978-3-95734-624-7

Umschlaggestaltung: Mareike Schaaf
Umschlagfoto: Bethel Music
Satz: Greiner & Reichel, Köln
Druck und Verarbeitung: GGP Media GmbH, Pößneck
Printed in Germany

www.gerth.de